환경관련
국제기구 지식정보원

환경관련 국제기구 지식정보원

International Organizations | 노영희 · 홍현진 |

환경관련 국제기구는 지구의 환경개선과 오염방지를 위한 국제협력을 추진하고 있으며,
유럽철새들의 보호를 위한 국제협력을 시도한 이래 오존층파괴, 산성비, 해양오염, 기후변화 등 다양한
환경오염분야에 대해 활발한 환경외교 활동을 UNEP, UNDP, WMO, IPCC
등을 중심으로 수행하고 있다.

KS 한국학술정보(주)

머리말

　환경이라는 용어는 매우 포괄적인 의미를 지니는 것으로서 우리의 주변을 의미하기도 하고, 우리가 살고 있는 지구나 우주를 의미하기도 한다.

　20세기 이후 급속한 과학기술의 발달과 함께 인구의 급증, 도시화, 공업화 등으로 인해 인간의 생활터전인 환경이 위협받고 있으며, 환경보전을 외면한 경제개발정책은 장래 인류의 생존기반 자체조차 허물어지게 하고 말 것이라는 환경위기의식이 팽배해지고 있다.

　이에 지구의 환경개선과 오염방지를 위한 노력이 여러 각도에서 추진되었다. 특히 국제기구를 통해 이루어지는 국제협력은 가장 중요한 방안이 되고 있다. 1872년 유럽철새들의 보호를 위한 국제협력이 시도된 이래 오늘에 이르기까지 오존층 파괴, 산성비, 해양오염, 기후변화 등 다양한 환경오염 분야에 대해 활발한 환경외교가 펼쳐져 왔으며, 이러한 외교활동은 유엔환경계획(UNEP), 유엔개발계획(UNDP), 식량농업기구(FAO), 세계기상기구(WMO), 기후변화에관한정부간협의체(IPCC) 등 국제기구를 중심으로 이루어지고 있다. 국제기구들은 지속가능한 발전을 촉진시키기 위한 계획에 적극 참여하여 왔으며, 환경을 둘러싼 분쟁의 해결과 국제협약 체결과정에서 주요한 역할을 수행하고 있다.

　이러한 환경관련 국제기구들은 정부 간, 지역 간 연합에 의해 설립되며, 각 국제기구들이 환경적인 측면에서 발생하는 세계적인 문제들을 협력하여 해결해 나가면서, 그 과정에서 발생하는 모든 활동과 정책을 문서화하고 있다. 각 기구의 활동에서 생산된 각종 법률과 수천 종의 간행물은 다양한 정보를 수록하고 있어서 지식정보자원으로서 중요한 의미를 지닌다고 할 수 있다. 본 저서에서는 이러한 정보를 체계적으로 수집하고 유통시킬 수 있는 방안을 강구하고자 하였고, 이를 위해 각 국제기구가 생산 및 관리하고 있는 지식정보원에 대한 정보를 최대한 수집하여 정리하였다.

첫째, 조사대상 국제기구를 선정하였다. 현재 환경관련 국제기구와 관련된 단체는 3천여 개가 넘는 것으로 나타나고 있다. 이들 국제기구 중에서 비교적 규모가 큰 국제기구만을 선정하되 기구 활동의 결과를 문서로 생산하거나 기구 내에 도서관·정보센터를 두고 있는 기구들을 중심으로 조사하였다.

둘째, 선정된 국제기구 자체에 대한 조사를 함으로써 국제기구 정보원에 대한 자료를 제공할 뿐만 아니라 그러한 정보원을 제공하는 각 국제기구에 대한 이용자들의 이해를 돕고자 하였다. 각 국제기구의 소재지, 설립연혁, 설립목적, 국제기구의 회원, 주요사업, 한국과의 관계 등에 관한 정보를 조사하였으며, 주요사업이나 국제기구 회원에 대한 정보는 국제기구 홈페이지 관련 문헌에서 정보를 찾을 수 없는 경우 생략하였다.

셋째, 선정된 각 국제기구가 제공하고 있는 정보서비스 및 그 특징에 대해서 구체적으로 조사하였다.

- 각 국제기구의 정보배포정책에 대해 조사함으로써 향후 국내 특정 기관이 환경관련 국제기구 정보원을 수집하고자 할 경우 본 저서를 통해서 그 정보배포정책에 대한 정보를 얻을 수 있도록 하였다. 즉, 각 국제기구별 온·오프라인 정보배포정

책을 조사하였다.

- 각 국제기구가 보유하고 있는 데이터베이스에 대해 조사하였다. 각 국제기구는 기구에 따라 약간의 차이가 있으나 각 기관이 소장하고 있는 데이터를 데이터베이스로 구축하여 서비스하고 있는 경우가 있으며, 본 저서에서는 이러한 각 국제기구가 제공하고 있는 데이터베이스 및 각 데이터베이스의 서비스 방법에 대해서 조사하였다.

- 각 국제기구가 보유하고 있는 다양한 종류의 간행물에 대해서도 조사하였다. 대부분의 국제기구는 각 국제기구의 활동을 관련 국가 또는 관련 분야 사람들에게 알리고자 하는 목적에서 정보 자료를 생산하여 제공한다. 따라서 국제기구의 활동 결과는 회의보고서, 보고서, 단행본, 뉴스레터, 연속간행물 등 매우 다양한 정보 자료 형태로 생산된다. 본 저서에서는 이러한 다양한 종류의 정보원이 관련 분야 전문가 및 이용자에게는 매우 유익한 지식정보원이 될 수 있기 때문에 모두 조사하였다.

본 저서는 2006년에 출판된 『국제기구 지식정보원의 이해와 활용』에서 출발한다. 즉, 세계적으로 국제기구는 2만여 개가 넘는 것으로 알려지고 있으나 지면상의 한계로 위 책에는 비교적 규모가 큰 국제기구만을 선별하여 주제구분 없이 수록하고 있다. 그러나 각 주제 분야별로 수많은 국제기구가 있고, 각 기구에서는 관련 분야 연구자 및 행정가에게 매우 유용할 것으로 판단되는 지식정보원이 계속적으로 발간되고 있다. 그러나 이러한 유용한 정보원이 국내에 전혀 소개·유통되지 않고 있는 국내 정보유통 현황을 볼 때 많은 아쉬움이 있었다. 이에 국제기구 지식정보원의 국내

유통에 조금이나마 도움이 되고자 주제 분야별 지식정보원 시리즈 발간을 결심하게 되었다.

그 결과 '국제기구 지식정보원 시리즈', 제1권으로 『해사(海事) 관련 국제기구 지식정보원』을, 제2권으로 『경제관련 국제기구 지식정보원』을 발간하였고, 이번에는 제3권으로 『환경관련 국제기구 지식정보원』을 출판하게 된 것이다. 앞으로도 문화, 스포츠, 의료, 법률 등 다양한 주제 분야의 국제기구 지식정보원을 시리즈로 발간함으로써 국제기구 지식정보원의 국내 유통을 활성화하는 데 기여하고자 한다.

끝으로 이 책을 출판하기까지 정보 자료 수집 및 교정과 색인 작성 등 정성과 노고를 아끼지 않은 이화여대 국제대학원 류지원 연구원과 건국대학교 문헌정보학과 정미숙 연구보조원에게 깊은 감사를 드린다.

2008년 1월

노영희 · 홍현진

일러두기

1. 발간 목적

이 자료의 발간 목적은 세계적으로 유명한 환경관련 국제기구에서 생산되는 정보 자료를 국내 정보망을 통해 공식적으로 유통시키기 위함이며, 이를 위해 각 국제기구에서 생산되는 데이터베이스, 연속간행물 및 단행본에 대한 정보를 수록하고 있다.

2. 자료 수집

환경관련 국제기구 및 단체에서 발행한 안내서, 홈페이지, 연감 및 각종 보고서에 실린 자료들을 기초로 국제기구에 대한 간략한 정보와 각 기관에서 생산되는 자료에 대한 정보를 수집하였다. 추가적으로 보완이 필요한 경우 전화나 전자우편을 이용하여 보다 구체적이고 정확한 정보를 수집하고자 하였다.

3. 기구 선정

현재 세계적으로 환경관련 국제기구 및 단체는 3천여 개가 넘는 것으로 나타나고 있으며, 본 저서에는 비교적 규모가 크고 정보생산량이 많은 기구를 중심으로 선정하였으며, 총 32개의 기구를 선정하여 수록하였다.

4. 수록 내용

본 저서는 환경관련 국제기구에서 생산되는 지식정보원을 주로 소개하는 자료이지만, 각 국제기구에 대한 일반적인 내용도 포함하고 있다. 즉, 국제기구의 소재지, 설립연혁, 설립목적 및 기능, 회원국, 한국과의 관계 등에 대한 정보를 포함하였다. 또한 정보 자료에 대한 내용을 주로 수록하고 있는데, 각 국제기구의 정보배포정책, 정보원의 주제 분야, 정보원의 종류, 서비스의 특징, 소장하고 있는 데이터베이스, 산하 도서관의 유무, 그리고 정보획득방법에 관한 정보까지도 최대한 수록하고자 하였다.

5. 약어표 및 색인

본 저서에는 독자의 이해를 돕기 위해 약어표를 첨부하였으며, 본서에 실린 환경관련 국제기구에 대한 약어표뿐만 아니라 기존에 출판된 시리즈의 약어표까지 수록함으로써 검색의 확장을 돕고자 하였다. 또한 본 자료에 실린 국제기구를 보다 신속하게 접근할 수 있도록 국제기구명 국문·영문색인을 수록하였다.

목 차

I. 환경 및 국제환경기구의 이해

1. 환경의 개념 및 특성

1.1 환경의 개념

환경이라는 용어는 매우 포괄적인 의미를 지니는 것으로서 우리의 일상생활에서 흔히 사용되고 있는 것이다. 즉, 우리의 주변을 의미하기도 하며, 우리가 살고 있는 지구나 우주를 의미하기도 한다(유영옥, 김상철 2003).

환경이란 논자에 따라 다양하게 정의할 수 있으며 먼저 유엔환경기구(UNEP)의 '유엔인간환경선언'의 정의에 따르면 환경이란 '인간을 둘러싸고 있는 주위의 실체'이다.

이 정의는 인간중심적 환경관에 초점을 두고 있다. 인간의 입장에서 환경을 물리적 환경(physical environment)과 사회적 환경(social environment)으로 나눌 때 여기서 말하는 주위의 실체라는 것은 주로 사회적 환경보다는 물리적 환경을 의미한다. 따라서 환경문제라고 할 때에는 물리적 환경에서의 문제발생을 의미하며 사회적 환경이라 할 수 있는 정치, 경제, 사회, 문화, 과학, 제도 등은 제외된다고 할 수 있다.

물리적 환경은 다시 자연의 법칙에 의하여 만들어진 자연환경과 인간의 편의를 위해 인간에 의하여 만들어진 인공환경으로 나눌 수 있다. 자연환경은 대기, 물, 토양, 동식물 등으로 구성되며 인공환경은 건물, 도로, 기계 등과 같은 시설물과 가공물 등으로 구성된다(신현국, 김락주 1993).

유엔환경기구(UNEP)에서는 환경의 구성요소들을 아래 그림과 같이 자연환경(natural environment)과 인간환경(man and environment)으로 분류하여 제시하고 있다.

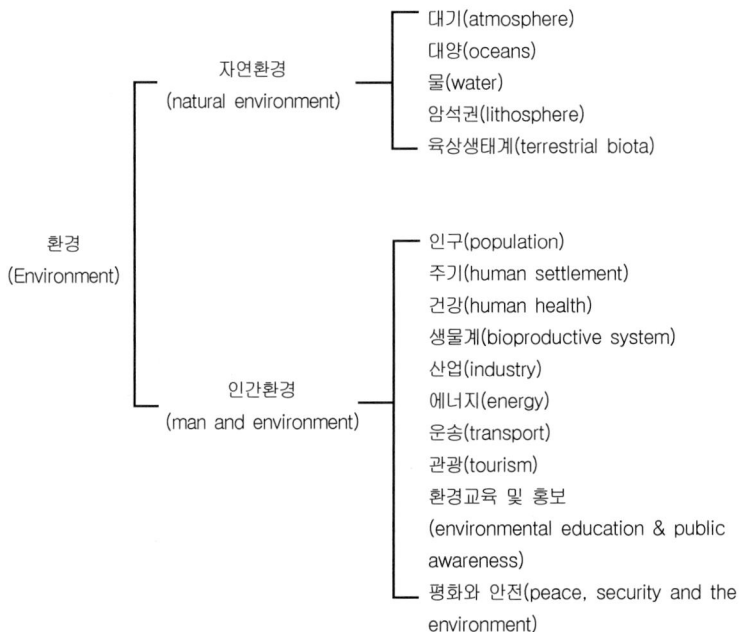

〈그림 1〉 환경구성요소의 UNEP 분류

　한편, 한국의 '환경정책기본법'에서는 환경을 자연환경과 생활환경으로 분류하고 있으며, 자연환경은 지하, 지표, 해양 및 지상의 모든 생물과 이들을 둘러싸고 있는 미생물적인 것을 포함한 자연을 총칭하며, 생활환경이란 대기, 물, 폐기물, 소음, 진동, 악취 등 우리의 일상생활과 관계되는 환경을 의미하고 있다. 이를 그림으로 나타내면 다음과 같다(환경부 법무담당관실 1999).

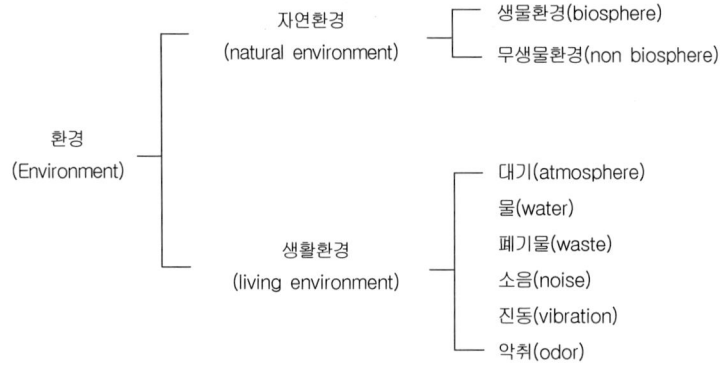

〈그림 2〉 환경정책기본법에 의한 환경의 분류

1.2 환경의 특성

일반적으로 환경은 비대체성, 불확실성, 불가역성, 불평등성, 완충성 등의 특성을 지닌다(유영옥 1996).

첫째, 비대체성(non‒substitutability)으로 생태계가 우리에게 주는 효용은 다른 것으로 대체되기가 어렵다는 특성을 지닌다.

둘째, 불확실성(uncertainty)으로 자연에 인간이 개입하였을 때 그 결과에 대한 위험이 항상 존재한다는 의미이다.

셋째, 불가역성(irreversibility)으로 종의 멸종 등 한번 벌어진 일은 그 복구가 어렵다는 의미이다.

넷째, 불평등성(inequality)으로 환경은 공공재적 성격을 가지므로 가난한 사람들이 부유한 사람들에 비해 악화된 환경에 더욱 쉽게 노출될 우려가 있다는 것이다.

다섯째, 완충성(resilience)으로 생태계는 일정 수준 안에서 외부의 교란이나 충격을 견디어 내는 힘을 지니고 있다는 특성을 의미한다.

2. 환경문제의 특징 및 인과구조성

2.1 환경문제의 정의

환경문제란 정상적인 경제활동의 부산물로서 마이너스 효용을 가져다주는 것을 의미한다. 이것은 인류가 자연으로부터 자원을 채취하여 자신이 필요로 하는 형태의 물질로 변환시키는 과정에서 인류에게 마이너스 효용을 주는 공해물질(pollutants)과 정체현상 (congestion)을 포함한다.

2.2 환경문제의 특징

자연계 및 생태계의 균형관계는 20세기 이후의 급속한 과학기술의 발달과 함께 인구의 급증, 도시화, 공업화 등으로 인해 깨지고, 인간의 생활터전인 환경이 위협받고 있으며, 환경보전을 외면한 경제개발정책은 장래 인류의 생존기반 자체조차 허물어지게 하고 말 것이라는 환경위기의식이 팽배해지고 있다.

환경문제는 별개 문제들의 단순한 혼합물이 아니라 문제 간에 상호 연결된 복합체로 파악될 수 있으며, 그 구조적 특징을 살펴보면 대체로 다음과 같은 몇 가지로 나누어 볼 수 있다(장순웅 2003).

1) 상호 관련성

환경문제는 상호 작용하는 여러 변수들에 의해 발생하므로 상호 간에 인과관계가 성립되고 상호 관련되어 있어 문제 해결을 더욱 어렵게 한다. 또한 문제끼리 상승 작용을 일으켜 그 심각성을 더해 가며, 상승 작용은 오염의 경우 뚜렷하게 나타나는데 각 오염 물질은 서로 화학반응을 일으켜 더 큰 문제를 유발한다.

인구·자본·서비스·자원 간의 상호 관련성을 예로 살펴보면, 공업자본에 의한 생산제품이 농기구, 관개용수로, 화학비료 등과 같은 농업자본을 산출하고, 농업자본량과 농지면적은 식량 생산량에 영향을 주며, 공업과 농업활동은 환경오염을 유발하고, 이는 인구 사망률에 직·간접적으로 영향을 준다.

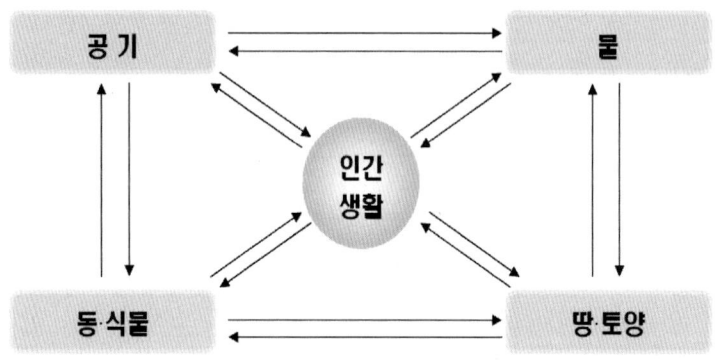

〈그림 3〉 환경과 인간의 관계

2) 광역성

오늘날 환경문제는 어느 한 지역, 한 국가만의 문제가 아니라 범지구적 국제 간의 문제이며 개방적인 환경의 특성으로 인해 공간적으로 광범위한 영향권을 형성한다. 예를 들면, 영국의 대기오염물질의 이동으로 노르웨이의 토양 산성화와 대기질의 저하를 유발하고, 알사스에 있는 프랑스 석탄 광산의 배출물은 벨기에와 네덜란드에 있는 라인 강 하류의 이동으로 캐나다의 산림 파괴와 호수의 산성화 등을 일으키기도 한다. 또한 중국의 공업화에 따른 대기오염물질의 배출은 우리나라와 일본에까지 산성비, 질소, 황사현상 등으로 큰 피해를 주고 있다. 이런 오염피해의 광역화로 인하여 국제적인 문제로서 크게 부각되고 있다. 유럽공동체와 같은 경우 각국은 소음에 관한 공동 규제법을 제정함으로써 환경문제의 국제화에 대처하고 있다. 이런 점에서 환경문제의 논의는 불특정 다수인과의 관계를 광범위하게 다루게 되며, 경우에 따라서는 어느 지역의 문제에서부터 국가 간의 문제까지 포함한다.

따라서 환경문제는 하나뿐인 지구의 보호를 대전제로 하는 지구보전과, 광역적인 통제를 필요로 하며, 인접 국가 간의 환경문제 해결과 관리를 위한 국제협약 등 국가 간의 협력 없이는 소기의 목적을 달성할 수 없다.

3) 시차성

환경문제는 문제의 발생과 이로 인한 영향이 현실적으로 나타나게 되는 데는 상당한 시차가 존재하는 경우가 많다. 그 예로서, 미국의 러브 커넬 사건은 유해폐기물을 매립한 후 30~40년이 지난 후에 그 피해가 발생하였으며, 일본의 공해병으로 알려진 미나마타병과 이타이이타이병도 오랜 기간 동안 배출된 오염물질의 영향이었다.

환경문제는 일단 표면화된 후에 규제를 해도 유해한 영향이 최종적으로 감소할 때까지는 긴 시간이 소요되며, 어떤 경우에는 회복조차 거의 불가능한 경우도 있게 된다. 따라서 문제가 표면화된 경우에는 이미 문제가 심각해져 제어할 수 없는 상태가 되므로 환경문제는 절대적인 사전 예방적 행동이 무엇보다 중요하다.

4) 탄력성과 비가역성

환경문제는 일종의 용수철과도 같다. 어느 정도의 환경악화는 환경이 갖는 자체 정화능력, 즉 자정작용(self-purification)에 의하여 쉽게 원상으로 회복된다. 그러나 환경의 자정능력을 초과하는 많은 오염물질량이 유입되면 자정능력 범위를 초과하여 충분한 자정작용이 불가능해진다. 물의 경우 수중에 오염물질이 축적되면 수질오염현상(예를 들어 부영양화현상)이 일어나서 플랑크톤이 과도하게 번식(water bloom)하여 정화기능을 저하시킨다. 이런 경우 생태계의 부(negative)의 기능이 강화되고, 정(positive)의 기능이 약화됨으로써 환경악화가 가속화되고, 심한 경우 원상회복이 어렵거나 불가능하게 된다. 이것을 환경의 탄력성과 비가역성이라고 한다.

5) 엔트로피 증가

열역학 제2법칙은 우주 전체의 에너지 양은 일정하고, 전체 엔트로피는 증가한다는 내용으로 엔트로피 증가의 법칙이다. 엔트로피(entropy)란 1865년 독일의 물리학자인 클라우지우스(Rudolf Clausius)에 의해 최초로 창안되었으며, 에너지의 상태를 나타내는 척도이다.

엔트로피 증가현상은 '사용 가능한 에너지(available energy)'가 '사용 불가능한 에너지(unavailable energy)'의 상태로 바뀌는 현상 이다. 그러므로 엔트로피의 증가는 사용 가능한 에너지, 즉 자원의 감소를 뜻하며, 환경에서 무슨 일이 일어날 때마다 얼마간의 에너 지는 사용 불가능한 에너지로 끝이 난다. 이런 사용 불가능한 에 너지가 바로 '환경오염'을 뜻한다. 대기오염, 수질오염, 쓰레기의 발생은 모두 엔트로피의 증가를 뜻하고, 환경오염은 엔트로피 증 가에 대한 또 다른 이름이라고 할 수 있으며, 사용 불가능한 에너 지에 대한 척도가 될 수 있다.

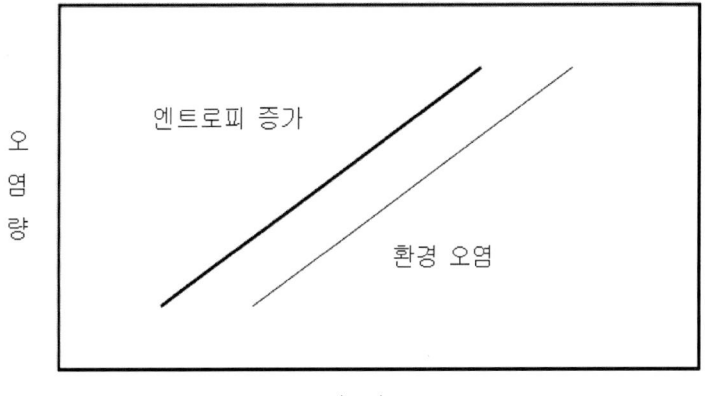

〈그림 4〉 환경오염과 엔트로피와의 관계

6) 피해의 간접성과 직접성

환경오염은 간접적인 피해를 주는 특성을 가진다. 즉, 오염물질이 수용체에 직접적으로 영향을 미치는 것이 아니라 대기, 물, 토양 등과 같은 매개체를 통하여 간접적으로 피해를 발생시킨다. 따라서 가해자의 확정이 어렵고 인과관계의 입증이 곤란하게 되며 배상문제 또한 어렵게 된다.

환경오염의 피해는 특수한 경우를 제외하고는 계속적으로 진행되는 것이 특징적이다. 그러므로 일시적인 우발적 피해와는 구별된다. 이러한 속성 때문에 예측과 예방이 비교적 쉽다고 판단되나 계속 조금씩 진행되므로 이러한 존재가 등한시되기 쉽다.

2.3 환경문제의 발생 원인

환경문제가 대두되기 시작한 시점은 산업혁명 이후부터라고 할 수 있다. 산업혁명 이후, 특히 제2차 세계대전 이후 인류문명은 농경사회에서 산업사회로 급속히 전환하였다. 산업사회에서는 인간 생활의 기초가 되는 생산력의 기반이 삼림과 토지 중심에서 이들을 포함한 지하자원, 수자원 등 자연자원 전반뿐만 아니라 기술혁신에 의해 공업생산으로 크게 확대되었다.

특히 산업사회의 기술문명은 생산위주의 다량생산·다량소비 방식으로 자연환경의 많은 부분을 훼손하는 방향 등 생산기술과 방식을 변화시킨다. 산업의 발달로 편리하고 윤택한 생활을 할 수 있었지만, 산업화가 진행되면서 폭발적인 인구성장과 자원 소비량의 증가로 자정작용을 초과하는 오염물질을 배출하게 되었고, 자원 환경은 점차 큰 부담을 안게 되었다. 산업화와 도시화가 진행되는 과정에서 삼림, 초지, 습지 등 생태계 자원이 줄어들었으며, 각종 폐기물과 폐수가 배출되고 있다. 이로 인해서 생태계의 균형과 질서가 깨지고 인류의 생존이 위협받게 되는 환경문제들이 발생하게 되었다. 이 때문에 환경파괴의 규모가 점차 확대·심화되어 환경문제는 지역적, 국지적 문제에서 전 지구적인 문제로 발전하였다. 지구환경문제는 삼림의 대규모 파괴, 급속한 생물종의 멸종, 대기와 수질의 심각한 오염, 지구온난화에 의한 기상이변, 성층권의 오존층 감소 등 다양한 형태로 나타나고 있다(장순웅 2003).

1) 인구증가

1987년 세계인구는 50억을 돌파하여 2006년 현재 세계인구는 65억 5천만 명이며, 매년 8천만 명씩 증가하고 있다. 과거의 인구는 전염병, 기근, 전쟁 등의 빈번한 발생으로 사망률이 매우 높았기 때문에 대단히 느리게 증가하였다. 산업혁명 이후 농업기술의 발달로 식량생산이 크게 늘게 되고 의학발달로 인해 유아 사망률의 감소 및 평균수명이 크게 연장되어 인구 폭발이 시작되었다. 인구증가 문제의 심각성은 현재의 인구증가가 산술적 성장이 아니고 지수적 성장추세를 보이고 있다는 점이다.

1978년 출판된 맬서스의 '인구론'은 인구에 관한 최초의 체계적인 연구서로서 맬서스는 인구론에서 '인구는 제한하지 않으면 기하급수적으로 증가하고 식량은 산술급수적으로 증가한다'는 자연적인 인구법칙에 따라 필연적으로 과잉인구가 나타난다고 주장했다.

인구(population)문제는 오염(pollution), 빈곤(poverty)과 함께 3P
로 요약되는 현대사회의 특성 중의 하나로서 환경문제의 가장 주
된 원인인 동시에 주된 현상이다. 인구증가는 식량문제, 자원문제,
환경오염 등 문제들과도 밀접한 관계를 가진다.

인구증가는 곧바로 식량문제로 이어진다. 곡물을 보다 많이 생
산하기 위해 대기정화에 중요한 역할을 하는 초지와 삼림이 파손
되고, 비료의 사용량이 증가하여 토지가 황폐해진다. 또한 인구증
가는 경제발전과 소득의 증대와 함께 자원에 대한 사용을 급증하
게 하여 매장량이 한정되어 있는 대부분의 천연자원을 고갈의 위
험에 빠뜨리고, 더 나아가 자원의 채굴 및 사용은 국가 간의 치열
한 경쟁과 갈등을 야기하고 있다. 또 인구가 증가한다는 것은 오
염물질의 배출량이 늘어나는 것과 같아서 환경정화 기초시설의 확
충을 필요로 하게 된다.

이렇게 인구의 증가로 인해 많은 환경문제들이 야기되고 있고,
환경오염에 의한 생태계의 파괴는 인간의 생활을 악화시키고 있다.
인구는 오염발생에 결정적인 역할을 하고 있으며, 인구요인이 기
술의 변화나 풍요로움과 다른 요인들과 동시에 작용할 때 환경오
염은 훨씬 더 악화될 것이다.

2) 도시화

도시화란 인구가 집중되고 그 결과 도시적 생활양식이 확대되며
국가 전체의 산업구조가 변화되는 과정이다. 한 국가의 도시화 추
세는 대체로 3단계로 구분되며, S자형의 성장곡선이 된다. 도시화
수준이 매우 낮으면서 도시화율의 증가속도도 매우 완만한 초기단

계에서 도시화가 급속히 진행되는 가속화 단계를 거쳐, 도시화율의 증가속도가 극히 저하되는 종착단계에 이른다. 개발도상국은 도시화가 선진국보다 늦게 시작되었으나 제2차 대전 이후 급속하게 진행되고 있다. 선진국의 경우 산업혁명으로 도시의 공업생산이 급성장하자 19세기 초부터 농촌인구가 도시로 유입되어 도시화가 진행되어 왔고 지금은 거의 종착단계에 이르렀다. 1970년 이후 도시에서 농촌으로 인구가 이동하는 역도시화 현상이 일어나기도 했다.

초기단계에서 종착단계에 이르는 기간이 짧다는 것은 급격한 이촌 향도 현상으로 도시화가 급속히 진행되었음을 의미하며, 이러한 현상은 개발도상국에서 뚜렷하게 나타난다. 비도시 지역에서 도시 지역으로의 인구 이동이 수위 도시에 집중될 경우, 종주 도시화 현상이 나타나 도시체계의 불균형을 가져오게 된다. 종주 도시화란 수위 도시에 인구와 기능이 과잉 집중되는 현상으로 수위 도시의 인구가 제2위 도시보다 2배가 넘을 때 발생한다. 이는 급속히 도시화가 진행되는 개발도상국에서 나타난다.

대도시는 사회적·경제적 필요에 따라 형성되었으며, 산업화 혹은 공업화와 밀접한 연관을 갖는다. 산업의 발달은 많은 노동력을 필요로 하고 이에 따라 많은 인구가 좁은 지역에 집중하게 되었다. 한 지역에 인구가 집중되면 새로운 일자리, 주택, 학교, 도로 등 시설이 적절하게 확장되어야 한다.

인구의 급증에 의한 수요증가에 따른 대량공급으로 이어지면서 생활쓰레기와 오수의 증가를 초래했고, 이에 따른 매립지, 소각시설 및 정화시설의 부족은 환경오염을 유발시키고 가중시키는 심각한 요인으로 작용하게 되었다.

3) 산업화

산업화가 이루어지기 전에는 산업구조가 1차 산업이 중심이었기 때문에 생활필수품 대부분을 자급자족하였으며, 따라서 이 수준에서 배출되는 폐수와 폐기물은 발생하더라도 환경의 자정능력에 의해 정화되었다. 18세기 유럽에서 시작된 산업혁명은 사람들의 경제적 활동을 풍요롭게 만들었고, 산물의 생산·유통 또는 소비과정에서 막대한 양의 오염물질을 배출시켰다.

경제규모가 팽창하면 그 경제체제는 보다 많은 재화를 생산하고 소비하게 되어서 자연으로부터 보다 많은 것을 채취하고 또 쓰고 버리게 된다. 이에 따라 자원의 수요급증과 일부 자원의 고갈을 초래하게 되었다.

산업화의 물결은 세계 도처에 공업단지를 건설해 놓았을 뿐만 아니라 철도와 고속도로, 댐의 건설 및 항구와 공항·운하를 건설하였다. 이에 따라 고도의 경제성장과 생활수준의 향상을 가져오게 되었다. 하지만 이러한 개발은 생태계의 파괴원인이 되고, 또한 다양한 합성물질의 생산에 높은 에너지를 필요로 하게 되었다. 그리고 화석연료의 사용과 자동차의 운행 증가로 대기가 오염되고, 빈 병과 폐비닐 및 포장물의 증가에 따른 썩지 않는 쓰레기가 대량으로 배출되고 있는가 하면 화학물질의 사용증가에 따른 중금속 등 유해물질 및 그 외 프레온 가스·냉각수·핵폐기물 등으로 지구의 자연환경은 급속히 악화되었다.

산업구조가 커진 만큼 인간이 배출하는 폐수와 폐기물의 양도 급증하게 되어 자정능력을 초과하게 되었다. 이에 따른 부작용으로 환경오염과 생태계 파괴문제가 발생하게 되었다.

오늘날 산업화는 대량생산과 대량소비로 특징지어지며, 대량생산과 대량소비는 다시 자원고갈과 환경오염을 불러일으키고 있다.

전 세계적으로 사용되고 있는 화석연료에서 배출되는 유해가스는 아황산가스, 질소산화물, 이산화탄소 등이 있으며, 이들 물질은 주로 산업이 발전한 북반구의 대기 중에 축적되어 대기오염을 유발하고 있다.

전 세계적으로 인간이 일상생활에서 접하고 있는 화학물질의 수는 약 6만여 종에 달하고 있으며, 이는 산업체에서 제품을 생산하는 원료나 제조공정에서의 부산물 또는 농약·비료·가정용 제품에 이르기까지 매우 다양하다. 이와 같은 화학물질은 합성에 의해 매년 1,000종 이상 증가하고 있는 것으로 알려져 있다. 특히 최근 수십 년 사이에 인체 및 생물체에 유해한 화학물질의 사용이 급격히 증가하고 있어 이들 물질의 정화에 많은 어려움이 있어 공기·물·토양오염을 가속화시키고 있다.

3. 환경오염과 원인

3.1 대기오염

대기오염이란 대기 중에 인공적으로 배출된 오염물질이 존재하여 오염물질의 양과 그 농도 및 지속시간이 어떤 지역주민의 불쾌감을 일으키거나 해당 지역에 공중보건상 위해를 미치고 인간이나 동식물의 생활에 해를 주어 도시민의 생활과 재산을 향유할 정당한 권리를 방해받은 상태를 말한다.

대기오염 배출원은 크게 분류하면 화산폭발, 산불, 각종 유기물의 분해과정으로부터 발생하는 자연적인 배출과 인간의 활동에 의해 발생하는 인위적인 배출로 분류할 수 있다.

자연적 배출원(natural source)의 전형적인 예로 화산폭발의 경우 시실리에 있는 화산 Aetna는 1년에 1백만 톤으로 추정되는 양의 아황산가스(SO_2)를 배출한다. 그러나 그 영향이 인간환경에 크게 영향을 미치지 않는 것은 오염물 배출이 드문 데다 상당히 높은 곳에서 일어나기 때문이다.

인위적 배출원(anthropogenic source)은 자연적 오염원에 비해 적으나 사람들의 생활환경에 인접해 있어 직접 피해를 일으킬 뿐만 아니라 제어 가능한 오염원이라는 특성이 있다. 인간 활동에 의한 인위적 배출원을 분류하면 고정배출원과 이동배출원으로 나눌 수 있다. 고정배출원은 산업체, 발전소, 주택을 비롯한 공공건물 등이 포함되며, 이동배출원은 자동차, 항공기 등이 포함된다(장덕 외 2006; 이장현 2005; 장순웅 2003).

3.2 수질오염

수질오염(water pollution)이란 자연수역의 수질이 인간의 생활 및 산업 활동으로 인하여 하 · 폐수와 분뇨 등이 배출되어 물리적 · 화학적 · 생물학적으로 변하여 자정작용(self - purification)을 상실하게 되는 현상을 말한다.

수질오염의 발생원인으로는 크게 자연적인 것과 인위적인 것으로 분류할 수 있으며, 자연적 원인으로는 강우량의 불균형으로 인한

하천용량의 저하와 하상의 형태에 따른 유속 및 유량의 불연속성, 그리고 하천유역에서 표사 퇴적으로 인한 각종 부유물질의 하천유입이 있을 수 있겠으나 일시적인 것으로 큰 문제가 되지 않는다. 왜냐하면 자연은 자정능력이 있어 시간이 어느 정도 경과하면 저절로 정화되기 때문이다. 그러나 인위적인 것은 오염물질 처리시설을 갖추지 않으면 안 되는 것이다. 인위적인 오염물질의 배출은 인구증가 및 각종 산업 활동에 필연적일 수밖에 없는데, 그 종류는 생활폐수(domestic wastewater), 산업폐수(industrial wastewater), 축산폐수(animal wastewater) 등을 포함한다. 생활폐수, 산업폐수, 축산폐수 등은 오염원이 쉽게 확인되는 점오염원(point source)이다. 자체 정화시설의 설치와 설치된 정화시설의 적정 관리를 유도함으로써 오염원의 통제와 관리가 가능하다고 보인다. 점오염원의 상대적 개념으로 오염원의 확인이 어렵고 규제가 용이하지 않은 비점오염원(non‐point source)이 심각한 수질오염의 원인이 되고 있다. 비점오염원으로는 농약, 비료, 합성세제, 지하수 유출, 하천에서의 취사, 야영, 세차, 낚시, 독극물 무단 방류 등을 들 수 있다.

3.3 폐기물

폐기물은 일반적으로 '인간 및 동물의 활동에 의해 야기되는 것으로 대개 고체이며 소용이 없거나 원치 않아서 내버리는 물질'이라 할 수 있다. 이러한 정의에 입각하여 볼 때 '원치 않아서 내버리는 물질'도 폐기물이 되므로 주관적인 성격이 강하며 현대사회에서는 특히 이러한 주관적인 판단에 의해서 발생하는 폐기물이 급속히 증가하고 있다.

우리나라 폐기물관리법에서는 폐기물을 다음과 같이 정의한다. '폐기물이라 함은 쓰레기, 연소재, 오니, 폐유, 폐산, 폐알칼리, 동물의 사체 등으로서 사람의 생활이나 활동에 필요하지 아니하게 된 물질을 말한다'라고 되어 있다.

폐기물의 분류는 나라마다 다르며 미국은 유해폐기물(hazardous waste)과 고형폐기물(solid waste), 프랑스는 산업폐기물(industrial waste)과 유기물류(organics), 도시고형폐기물(municipal solid waste)로, 독일은 유해폐기물(hazardous waste)과 도시고형폐기물(municipal solid waste)로 각각 분류하고 있다.

우리나라는 생활폐기물과 사업장폐기물로 구분하고 있다. 생활폐기물은 사업장폐기물 이외의 폐기물로서 주로 일반 가정 및 사무실 등에서 발생하는 도시쓰레기(MSW: municipal solid waste)를 의미한다. 사업장폐기물은 공장이나 건설현장 등에서 발생하는 폐기물로서 산업폐기물이라고도 한다. 또한 사업장폐기물은 유해성 여부에 따라 일반폐기물(무해성)과 지정폐기물(유해성)로 나뉜다.

3.4 토양오염

토양오염이란 지하에 침투한 오염물질이 지질을 오염시키는 현상으로 토양은 물론 지하수나 지하공기 등 지질 중에 존재하는 모든 것이 대상이 된다. 토양오염은 인류가 생활하고 농사를 짓고 산업 활동을 하는 과정에서 발생된 중금속, 농약, 화학물질이 안전하게 처리되지 않은 상태로 생태계로 배출된 후 토양에 잔류됨으로 해서 발생된다. 토양오염은 지표면보다는 대부분이 지표면 아래에서 이루어지고, 그 진행속도가 매우 느리기 때문에 오랜 기간

누적된 후에야 비로소 토양이 오염되었음을 느낄 수 있다.

토양오염의 원인이 되는 오염물질들은 토양의 정상적인 기능을 저해하고 생태계의 먹이사슬을 교란시키는 모든 물질이 포함될 수 있지만 대표적인 토양오염 물질로는 중금속, 농약, 육류, 유기화학 물질, 영양 물질 등으로 구분할 수 있다. 또한 산업폐기물, 생활하수가 직·간접적으로 영향을 미치며, 공업단지와 도시 매연가스에 의한 산성비, 식품 포장 폐기물, 시설 축산의 폐기물 등에 의해서도 발생한다.

3.5 소음·진동·악취

소음이란 '원치 않는 음'으로 정의되며, 감각공해로서 주관적인 요소가 강하다. 예를 들어, 어린아이들이 떠드는 소리는 어떤 이에게는 듣기 좋은 소리로 들릴 수 있으나, 다른 이에게는 소음이 될 수도 있다. 그러나 일반적으로 소음이라고 생각되는 것에는 특히, 큰소리, 불쾌한 소리나 충격성 음, 음악이나 음성을 듣는 것을 방해하는 소리, 집중력이나 작업을 방해하는 소리 등을 예로 들 수 있다.

소음의 단위는 데시벨(dB)이 쓰이는데 이것은 전화를 발명한 알렉산더 그라함 벨이란 사람의 이름을 딴 것이다. 데시벨 단위는 일정한 기준음에 대한 비율을 대수 값으로 나타낸 것으로서 원래의 단위인 벨(bell)에 10배를 곱하여 데시벨로 나타낸 것이다. 통상 허용할 수 있는 소음 수준으로 주간에는 70dB 이하이고, 야간에는 20~30dB 이하여야 한다.

소음의 발생원은 사람을 포함한 거의 모든 시설들이 소음원이

된다. 소음의 발생원은 폭풍, 천둥, 호우 등에 의한 자연소음원과 교통소음, 건축소음, 공장 등의 기계소음, 항공기소음 등 인공소음으로 구별할 수 있으며, 인공소음이 문제가 된다.

진동이란 '물체의 전후 운동'으로 정의되며, 진동의 발생원은 도로교통, 항공기, 쾌속철도, 건설작업, 공장 등으로, 보통 소음과 함께 발생한다. 생체에 작용하는 방식에 따라 전신 진동과 국소 진동으로 구분한다.

전신 진동은 지지구조물을 통해서 전신에 전파되는 진동이고, 차량, 선박, 항공기를 타거나 기중기, 분쇄기 등을 운전할 때 다리 등을 통해서 전신에 퍼진다. 국소 진동은 국소적으로 손과 발 등 특정 부위에 전파되는 진동이고 착암기, 연마기, 전기톱, 못 박는 공구 등을 사용할 때 일어날 수 있다.

진동의 영향은 크게 신체 건강상의 피해와 가옥피해 등 재산상의 피해를 들 수 있다.

악취공해는 냄새의 종류에 관계없이 싫거나 또는 불쾌한 냄새지각이 생기는 현상을 말하며, 그 원인이 되는 물질이 악취물질이다. '대기환경보전법'에 의하면 악취란 황화수소, 메르캅탄류, 아민류, 기타 자극성 있는 기체성 물질이 사람의 후각을 자극하여 불쾌감과 혐오감을 주는 냄새를 말한다. 일반적으로 악취는 복합적이고 일과성, 빈발 등 특색을 가지는 대기오염의 전조로서 사람들에게 극단적인 감정적 반응을 일으키게 한다.

악취의 발생원은 자연에서 배출되는 자연 발생원과 인간에 의해서 발생하는 인위 발생원으로 나눌 수 있다. 자연 발생원은 식물과 동물의 단백질이 박테리아에 의해 분해되어 발생되기도 하고 정체되어 있는 오수(汚水)나 연못에서도 발생할 수 있다. 인위 발생원은 석유나 천연가스의 정제공장, 석유화학공장, 화학공장, 코크스공장, 금속정련공장, 화학제품제조 가공시설, 합성수지 제조공장, 시멘트공장, 비료공장, 식품공장, 피혁공장, 양돈·양계장, 폐수처리장, 디젤자동차 등이 있다.

3.6 방사능

방사선(radiation radical rays)이란 매우 불안한 상태에 있는 원자 또는 원자핵이 안정된 상태를 찾기 위해 방출하는 에너지의 흐름이다. 방사능 오염이란 핵변환 과정에서 수반되는 사고나 폐기물 방출로 인해 과다한 방사선의 누출로 사람, 동식물에게 위해를 주는 것을 말한다.

방사선은 자연계의 도처에 발생원이 있어 어디에 있어도 우리들이 방사선으로부터 완전하게 피하는 것은 불가능하다. 우리들의 주위에는 방사선을 내는 능력, 즉 방사능을 지닌 많은 종류의 원자가 존재한다. 방사능을 가진 원자를 방사성 핵종이라 부르며, 자연계의 방사성 핵종에는 원래부터 지구에 포함되어 있었던 것과 우주선의 작용에 의해 언제라도 생성되는 것이 있다.

이와 같이 자연계에 존재하는 자연 방사성 핵종과 더불어 인공적으로 만들어지는 여러 가지 방사성 핵종이 있다. 인공 방사성 핵종은 보통 핵무기나 원자력 발전의 주요 에너지가 핵분열 반응에 의해 만들어질 때 생성된다. 이 핵분열 반응은 자연 방사성 핵종에서 볼 수 있는 것처럼 자동적으로 일어나는 것이 아니라, 어떤 핵종에 중성자를 충돌시킴으로써 인공적으로 일으키는 것이다.

4. 세계적인 환경오염 사건

현대 산업사회에서는 인구증가 · 산업발달 · 경제성장에 따른 고도의 공업화와 대량생산 및 대량소비의 경제체제 아래에서는 자원의 고갈과 함께 자연 생태계 파괴와 환경오염이라는 인류의 생존을 위협하는 심각한 문제가 발생하게 되었다. 20세기의 대표적인 환경오염 사건을 보면 다음과 같다.

1) 걸프전 환경테러 사건

1991년 걸프전 중 이라크는 환경파괴를 전쟁의 수단으로 사용하였다. 이라크는 1991년 1월 페르시아만에 100만 톤이 넘는 원유를 유출시켰다.

이것은 해안에 있는 유전을 폭파하여 페르시아만을 오염시켜 서방국가들을 위협하고자 하는 이라크의 고의적 행위였다. 이 사건으로 유출된 원유의 양은 1978년 발생했던 사상 최대 규모의 원유유출 사건인 아모코카디즈호 사건의 원유유출량이 22만 톤이었던 것과 비교하면 엄청난 양임을 알 수 있다. 특히 페르시아만은 폐쇄된 해역이어서 기름이 정체되었고 페르시아 연안을 온통 두꺼운 검은색 기름으로 오염시켰다. 또 페르시아 연안은 모래와 갯벌이 혼합된 사브카라는 독특한 습지로 희귀동식물이 많이 살고 있던 곳이었다. 그러나 이 사건 이후 이곳은 검은 죽음의 바다가 되고 말았다. 더욱이 페르시아만 연안의 국가인 사우디아라비아, 바레인, 카타르, 아랍에미리트 등이 식수의 90% 정도를 해수로부터 담수화하여 쓰고 있었으므로 이 나라들은 식수원을 잃는 피해를 보게 되었다.

이라크는 페르시아만 기름유출 외에도 쿠웨이트 유전 600개 중 500개를 폭격하거나 방화하는 악의적 행위를 계속하였는데 당시 하루에 불타는 석유량이 460만 배럴에 달하였으며, 여기서 배출되는 대규모 매연으로 인접 국가들이 많은 피해를 보았고, 전쟁이 끝난 후 불을 끄는 데까지 2년이나 걸리게 하였다.

2) 욧가이 천식 사건

1956년부터 일본의 항구도시인 욧가이시에 정유공장을 비롯한 석유화학공장을 세우기 시작하였고 1959년부터 공장 가동에 들어 갔다.

공장을 가동하자마자 주민들은 악취로 고통을 받고 기침, 천식 등 각종 호흡기질환에 시달리게 되었다. 당시에는 환경에 대한 지식이 부족하여 공해방지 시설을 거의 갖추지 않고 공장을 가동하였던 것이다. 1960년 욧가이시에서 조사한 결과 원인은 아황산가스, 이산화질소, 포름알데히드 등으로 밝혀졌으나 당시 일본의 경제사정상 공장을 계속 가동하였고 대기는 더욱 악화되어 갔다. 1962년 8월부터 피해자에 대한 무료검진과 의료비 면제가 실시되었으나 1962년부터 1964년까지 대기는 최악의 상태로 치달았고 공식적으로 인정된 피해자만도 1,231명이었으며 이 중 80여 명은 사망하였다. 1971년에 법원 판결로 해당 각 기업체에 보상책임이 부과되어 피해자들에게 의료비와 생계비 보상이 이루어졌으며 이 사건을 계기로 일본에서는 '공해로 인한 건강피해보상법'이 제정되었다.

3) 카드뮴(Cd: Cadmium)중독(이타이이타이병)

중금속의 하나로 카드뮴(Cd: Cadmium)이 아연광에 함께 들어 있다. 함량은 0.01~0.05%, 청백색의 광택이 나고 칼로 베어질 정도로 연하다. 토양 중에도 들어 있고 석탄재나 담배연기에도 미량이 들어 있다.

내식성이 있어 전기도금, 합성수지 안정제, 물감, 축전지 극판, 텔레비전 형광판, 저융점 경합금, 특수합금 등에 쓰인다. 광산이나 제련소 등에서 생기는 카드뮴은 하천수를 오염시키고 이것은 다시 어패류, 벼, 콩, 시금치 등에 축적되어 이를 먹는 사람을 중독시킨다. 성인의 카드뮴 중 60%는 쌀과 밀에 의한 것으로 알려져 있다.

인체의 카드뮴은 출생 시엔 0.0001mg인데 이것이 청년기가 되면 30~50mg으로 늘어난다. 이것은 골격 중의 칼슘이 치환되기 때문이다. 또 담배연기에도 많이 들어 있다.

카드뮴중독은 30~40mg을 경구를 통하여 섭취하면 불쾌감, 구토, 설사 등 증상이 나타나고 만성중독은 기관지염, 폐손상 등으로 나타난다. 급성은 복통까지 일으킨다. 또 신장의 기능에도 손상을 입힌다.

카드뮴 오염의 대표적인 사례는 일본에서 '이타이이타이병'으로 세계에 널리 알려진 바 있다. 이 병이 발생한 지역은 벼에 카드뮴 1,250ppm과 아연 2,600ppm이 들어 있었다. 조개류는 100~1000㎍/ kg이었다.

WHO는 1일 허용 경구 섭취량을 80㎍으로 정하고 있다. 미국 등의 나라에서는 하루 섭취량을 10~40㎍으로 보고 있다.

4) 가네미사건(PCB사건)

1986년 3월 일본의 구주 일대에 이상한 피부염에 걸린 사람들이 나타났다. 일본 구주대학에서 원인규명에 나서 11월 4일 '가네미회사'가 사료원료로서 판매한 미강유 중에 혼입된 PCB(Poly Chlorinated Biphenyl)에 의한 증상이라고 규명하였다.

같은 해 2월 '가네미회사'가 사료원료로서 판매한 '다이그유' 중에 PCB가 혼입되어 있어 일본구주, 사국, 중국지방의 닭 50만 마리가 폐사한 사고가 발생하였다. '가네미회사'에서는 라이스오일 탈취공정에서 가열용의 열매체에 PCB를 사용하고 있었고 이것이 가열 파이프에서 누설되어 미강유에 혼입되었다. 그리고 이 공정에서 생성된 미강유 이외의 부산물을 '다이그유'에 혼합시켰기 때문에 닭이 모두 사망하게 된 것이다.

가네미의 미강유로 인하여 중독된 사람을 가네미유병 환자라고 불렀고 인정 환자는 약 1,068명(1971년 8월)이었다. 다수의 미인정 환자도 있어 환자 수는 3,000~5,000명 이상이라고 볼 수 있었다. 1972년 6월까지 인정 환자 중 17명이 사망하였다.

5) 다이옥신(Dioxin) 사건

살충제나 제초제에 의한 유해여부는 처음 BHC(Benzene Hexachloride)으로 시작해서 DDD, DDT, PCB, 그리고 Dioxin까지 대두되고 있다. 즉 1983년 2월 미국의 St. Louis 근교인 Times Beach 지역이 Dioxin에 오염되어 이 지역을 국가에서 매입하여 관장하기로 결정하였다.

이 지역은 피부청결제인 Hexachlorophene을 제작하는 Northeast

Pharmaceutical and Chemical Co.에서 배출되는 검은 기름 폐기물을 도로 상에 살포하기 시작하면서 오염되었다고 알려지고 있다. 상기 회사는 이 폐기물을 당초에는 연소시켰으나 처리비용 때문에 1971년 폐유처리업자에게 판매하였는데 이 폐유업자는 이 물질을 도로 상에 투기하였다.

그 후 인근의 말이 75마리나 죽는 일이 생겼으며, 참새가 죽는 일이 생기기 시작하여 이를 분석한 결과 그 원인이 Dioxin으로 알려졌다. 이러한 Dioxin 중에서 가장 독성이 큰 물질은 2,3,7,8 – TCDD인데 이를 연소방법으로 처리하기 위해서는 1,000℃ 이상에서 2초 이상의 체류시간으로 연소시켜야 되는 것으로 알려지고 있다.

오존처리법에 의해서는 50시간에 97%의 제거효율을 얻는 경우도 있으며, 또한 토양 내에서는 서서히 미생물에 의해서 분해가 가능한 것으로 알려지고 있다. Dioxin은 하수처리장이나 일반적인 생물학적 처리방법에 의해서는 처리가 잘되지 않는 것으로 알려지고 있다.

6) 도노라(Donora)스모그 사건

미국 펜실베이니아주에 있는 인구 14만 명의 소도시인 Donora는 계곡에 위치하고 있으며 이 도시는 인구는 적지만 많은 산업시설들이 밀집되어 있어 항상 활기를 띠고 있었다.

그러나 평상시에도 이른 아침을 제외하고는 늘 짙은 안개가 계곡을 덮고 있었으며 때에 따라서는 온종일 짙은 안개가 걷히지 않을 때도 있었다. 이와 같은 상태가 반복되던 1948년 10월 27일부터 4~5일간에 걸쳐 대기의 이동이 중단된 상태가 계속되면서 이

사건이 일어나게 되었다. 대기의 이동이 중단되자 각 공장에서 배출된 여러 종류의 유해가스와 매연, 증기 등이 안개와 함께 대기오염을 가속시켜 20여 명이 사망하고 6,000여 명이 호흡기질병을 일으킨 바 있다.

7) 디디티(D.D.T)와 환경문제

환경을 파괴하는 과학기술의 대표적인 형태는 합성화학물질이다. 합성물질은 인류의 복지 증진에 큰 기여를 하고 있지만, 이들의 상당 부분은 자연에서 생물학적으로 분해되지 않아 환경에 악영향을 주고 있다. 살충제·제초제와 같은 농약, 플라스틱 등 합성수지, 합성물질을 산출하는 과정에서 배출되는 화학약품은 전형적인 오염원이다.

비교적 잘 알려져 있는 DDT를 예로 들어보자. DDT는 제2차 세계 대전 중에 개발된 살충제로 말라리아모기의 박멸에 탁월하였다. 미국의 클리어 레이크라는 호수에 모기를 없애기 위해 1949년부터 1957년까지 3번 살포하였더니, 이 호수에 살고 있던 병아리들이 떼죽음을 당하기 시작했다. 그 이유는 병아리의 몸에 DDT가 농축되어 쌓였기 때문이다.

DDT는 물에 잘 녹지 않고 분해도 되지 않는데, 생물체가 흡수하면 체내의 지방에 축적된다. DDT를 처음 플랑크톤이 흡착하면 상급생물로 전달되며 상급생물일수록 더 많은 양의 DDT를 몸속에 축적하게 된다. 생물농축 때문이다. 이와 같은 먹이연쇄에 따라 DDT를 사용한 적이 없는 에스키모인이나 남극의 펭귄까지도 DDT를 체내에 가지고 있다.

DDT는 간암을 비롯한 여러 가지 암의 원인물질로 알려져 있는데, 암환자는 정상인보다 25배의 DDT를 보유하고 있다고 한다. 특히 새들은 DDT 때문에 칼슘대사의 장애를 일으켜 새의 알 껍데기가 얇아지고 번식력이 낮아진다. 또한 DDT는 해안 지역의 어획량을 떨어뜨린다. 현재, 대부분의 국가에서는 DDT의 사용을 금지하고 있다.

8) 러브 커낼(Love Canal) 사건

Love Canal은 1890년대에 설치가 중단된 운하로 폭이 30m, 길이가 1,000m가량 되는 Niagara 강으로부터 500m 남쪽에 위치하고 있다. 1938년 이전까지는 폐기물을 이 지역에 매립하지 않았다.

화학약품을 제조하는 공장은 전기가 많이 소요되므로 전기 값이 싼 Niagara 지역에 많이 설치되었다. 특히 전기가 많이 소요되는 염소제조회사가 많았다. 1942년 염소제조회사인 Hooker Chemical 사가 이 지역에 자체 폐기물을 투기하기 시작하였으며 2만여 톤을 운하 근처에 매립하였다.

매립된 폐기물은 액체, 고체 및 각종 용매로서 염소 400톤, Chlorobenzene 2톤, Trichlorophenol 200톤, Hexachlorocyclohexane 6,900톤, Dodecyl meracaptan 2,400톤 등이었다.

이 지역에서 문제가 발생하기 시작한 것은 이곳에 학교를 지으려다가 그만두고 일반주택을 짓기 시작한 후인 1978년이었다. 1980년 당시 카터 대통령은 국가 비상사태를 이 지역에 선포하기에 이르렀다. Love Canal 지역은 오염물질에 의하여 호흡기질환뿐만 아니라 불구의 신생아 출생 등 원인불명의 이상 질환이 발생하였다. 러브 커넬 사건은 미국의 'Super Rund법' 제정의 결정적 계기가 되었다.

9) 런던 스모그 사건

런던은 안개의 도시라고 할 만큼 항상 짙은 안개에 쌓여 있는 도시이다. 런던의 대기오염은 다른 지역과 같이 산업시설이 주요 발생원인은 아니었지만 주로 공장의 배출가스와 빌딩이나, 일반가정의 난방으로 인한 매연이 주요 원인이 되고 여기에 항상 짙게 깔려 있는 안개가 이 사건을 더욱 악화시킨 참사였다.

특히 심했던 것은 1880년, 1892년, 1948년, 1952년 등을 들 수 있으며 '살인적 스모그' 사건이라는 말이 나올 만큼 처참했던 사건은 1952년 12월 5일부터 9일까지 5일간 계속된 스모그현상으로 인하여 일어났다.

주로 노인, 어린이, 환자 등 비교적 허약체질을 가진 사람들을 엄습 했는데 4,000여 명이 급성호흡기질환으로 사망하였고, 다음해 1953년 2월까지는 8,000여 명으로 사망자가 늘었다. 이와 같은 스모그 사건은 주로 아황산가스와 분진이 안개와 결합하여 일어난 것이다. 런던 스모그 사건의 전 기간을 통한 사망자 총수는 12,000여 명에 달하였다.

10) 로스앤젤레스(Los Angeles) 스모그 사건

미국의 서해안에 있는 로스앤젤레스에서는 1954년 8, 9월에 자동차 배기가스에 의해서 회백색 연무의 스모그가 발생했다.

이러한 스모그를 광화학 스모그라고 하는데, 광화학 반응이란

빛 에너지와 결부된 화학반응을 말한다. 즉, 광화학 스모그는 자동차 배기가스에서 발생된 질소산화물과 탄화수소가 대기 중에 떠 있다가 햇빛 중 자외선과 반응하여 2차 오염물질인 오존과 같은 광화학적 산화물을 만들어 대기를 안개가 낀 것처럼 변하게 하는 현상이며, 이산화황이나 먼지 등에 의해 발생된 런던 스모그와는 다르다.

광화학 스모그가 일어나면 눈과 목이 따가우며 심할 때엔 눈병과 호흡기질환을 일으키고, 급성 중독이 일어나면 목숨까지 빼앗아 간다.

11) 미나마타병(Minamata Disease)

어패류에 축적된 유기수은을 경구 섭취함으로써 발생하는 신경질환으로 일본에서는 의료구제법에 의한 공해병으로 알려져 있다. 그 증상은 시야협착, 운동실조, 언어장해, 지각장해 등이다. 기타 청력장해, 보행장해, 정신장해 등의 증상을 일으키는 등 그 병상은 대단히 복잡 다양하다.

1950년대 초부터 일본 구마모또현 미나마타시와 그 주변의 어민들에게 원인 불명의 신경질환 증후가 나타나기 시작하여 1956년에는 78명의 환자가 발생했으며, 그중 18명이 사망했다.

1956년 11월 일본 미나마타병 대책위원회의 연구에 의해서 그 원인이 어패류를 경유한 중금속 중독으로 추정되었으며, 1959년 7월에는 원인물질로서 유기수은설이 나돌았다.

1968년 9월 일본 후생성은 "메틸수은이 어패류를 오염시킨 것을 명시하고 오염된 어패류를 대량 취식한 사람만이 피해자다"라는 공식입장을 발표하였다.

12) 뮈즈(Meuse) 계곡 사건

1930년 12월 벨기에 중남부 뮈즈 강(江) 하구(河口)의 공업지대인 뮈즈 계곡에서 일어난 대기오염에 의한 중독사건으로 세계 최초의 대기오염 사고로 기록되었다.

같은 해 12월 1~7일 벨기에 전역이 안개에 덮인 현상이 발생했다. 뮈즈 계곡은 지형적 특성으로 안개가 공기 순환을 막는 뚜껑 역할을 했는데, 길이 약 24km, 양쪽 높이 약 105m에 이르렀다. 250여 개 언덕이 포함된 그 지역의 주민 6,000여 명이 심한 통증을 호소했는데, 12월 3일과 4일 이틀 동안 60여 명이 사망했고 소도 여러 마리 죽었다.

조사 결과 처음에는 유황산화물에 의한 것으로 알려졌으나 플루오르(fluorine: 불소) 중독 분야의 권위자인 로홀름(Kaj Roholm)에 의한 세밀한 역학조사 결과 플루오르화물(fluoride: 불화물)에 의한 급성중독이 원인임이 밝혀졌다.

당시 그 지역에 있던 공장 27개 중 15개가 플루오르와 인산염의 원료나 플루오르 혼합물을 원료로 하는 제철, 철공, 유리제조공장이어서 굴뚝을 통해 다량의 플루오르화물 가스가 배출되고 있었던 것이다.

처음엔 농도가 낮아 인체에 해를 끼칠 정도는 아니었으나 용해성 물질인 플루오르화수소(HF) 같은 가스가 안개와 혼합되어 급성중독을 일으킬 만큼 고농도 상태가 되었던 것이다. 이 사건은 자연 상태의 플루오르와 충치예방을 목적으로 수돗물에 첨가되는 플루오르의 영향에 대해 논란을 제공하는 계기가 되었다.

5. 환경문제 해결을 위한 국제적인 노력

5.1 주요 지구환경문제

1) 지구온난화

지구의 대기는 온실의 유리창이나 비닐과 같이 태양으로부터 오는 단파복사에너지는 투과시키고, 지구에서 방사되는 장파복사에너지는 흡수하여 지구의 온도를 보존해 주는 역할을 한다(강상철 1996). 즉 지구의 대기 중에는 이산화탄소, 메탄, 이산화질소, 염화불소탄소, 오존 등 온실효과(green house effect) 가스가 포함되어 있어서 지구의 기온을 일정하게 유지시켜 줌으로써 인간과 동물에게 살기 좋은 환경을 제공한다.

그러나 급속한 산업화의 진전에 따라 화석연료 및 화학물질의 사용이 증가하고 이에 수반하여 발생하는 이산화탄소, 이산화질소, 메탄, 프레온가스, 오존 등 온실기체(GHG: Green House Gas)가 대량으로 대기 중에 배출되어 지구온난화 현상이 발생하고 있다 (신현국, 김락주 1993).

지구온난화 현상의 원인은 지구를 둘러싸고 있는 온실효과 가스가 적외선 복사열의 방출을 차단하기도 하고 화석연료의 사용에 의한 열량의 방출을 막음으로써 온실효과 가스의 농도가 증가함으로써 지구기온의 상승 등을 초래한다는 것이다.[1] 즉 화석연료 사용과 농업에 의한 온실기체의 증가가 주요 원인이라는 것이다.

지구온난화의 결과는 탄소 사이클의 변화, 기상이변, 해수면 상승, 자연생태계와 농업부문의 피해, 인간에게 미치는 피해 등이 대표적이다.

이러한 지구온난화에 대한 세계적인 대책은 1987년 미국 국가기후계획, 1988년 IPCC(기후변화에관한정부간협의체) 활동 개시, 1989년 UNEP 각료이사회에서의 조약교섭, 1990년 세계기후회의 각료선언, 1992년 6월 브라질의 리우데자네이루에서의 기후변화에관한 유엔기본협약(기호변화협약)의 채택으로 이어졌다(환경부 1996).

2) 오존층 파괴

성층권(대류권의 상부 경계에서 약 50km까지)에 위치하는 오존층(ozone layer)은 태양으로부터 방출되는 파장이 매우 짧은 자외선 등 유해파를 흡수하여 지구의 생명을 보호해 주는 중요한 존재이다. 오존층은 주로 성층권에 분포하고 있으며 지상 20~30 km에서 최대 농도가 되지만, 그 높이는 대기 전체에 비교하면 10만분의 1을 차지하는 극히 미량이다.

오존은 이와 같이 희박함에도 불구하고 성층권의 기온과 지구상의 생물에 큰 영향력을 지니고 있다. 그러나 이 오존층이 인공적으로 만든 화학물질인 프레온 가스에 의하여 파괴되고 있다는 사실이 밝혀졌다. 즉, 지속적인 오존 파괴 원인으로 세척제, 냉각제, 거품제, 에어로졸 분사 용기의 용매 등으로 사용하기 위해서 인위

---

[1] 기후변화에관한정부간협의체(IPCC) 보고서.

적으로 제조된 CFCs(일명, 프레온 가스)에 의한 것으로 알려지고 있다.

오존층의 파괴는 인체나 동·식물의 성장을 둔화시키거나 건축물, 차량 등의 색상을 변화시키기도 하고 지구기온의 상승을 초래하기도 하는데, 1992년 NASA(미국항공우주국)의 보고에 의하면 북반구 지역 대기 오존층이 40% 이상 감소되었다고 한다.

UNEP는 1977년부터 세계기상기구(WMO) 등과 협조하여 오존층의 변화 동향 및 파급효과를 측정하여 왔으며, 1985년 3월에는 비엔나협약을 채택하여 국제적 차원에서 오존층 보호를 위한 기본골격을 마련하였고, 이어서 1987년 9월에는 오존층 파괴물질의 생산 및 소비삭감을 주요 내용으로 하는 몬트리올의정서를 채택하였다.

3) 생물다양성의 파괴

지구상의 생물이 지닌 총체적 다양성을 생물다양성이라고 하며, 인류는 다양한 생물종으로부터 식량, 약품, 산업생산물 등 인간의 생계, 건강, 번영을 위한 많은 자원을 추출하여 의존하고 있다.

인간이 생물종을 이용하는 행위의 증가로 인해 유전자원, 생물 개체군 또는 일부개체 등 생물적 구성요소를 훼손하고 있으며, 크게는 지구의 다양성을 감소시키고 있다. 생물종의 이러한 감소는 인류의 생명과 존속에 직접적으로 연결되므로 생물다양성의 보전만이 지구의 기능을 지속시키고 인간의 존속을 위한 유일한 전략임을 전 세계 국가들이 인식하고 있다.

따라서 세계 국가의 경제적 불균형에도 불구하고 생물다양성 보전을 통하여 건강한 인류사회를 형성하기 위한 협약들이 1970년대부터 체결되었다. 특히, 1992년 6월의 리우정상회의(United Nations Conference on Environment and Development)에서는 한국을 포함한 156개국의 지도자와 과학자들이 모여 최초로 인구, 환경 및 개발을 총괄적으로 다루면서 지속성 있는 인간사회를 형성하기 위한 리우환경선언(The Rio Declaration on Environment and Development)을 발표하였다.

4) 산성비 피해

산성비(acid rain)는 대기 중에 대기오염물질 중 가스상 물질들이 구름에 유입되고 물방울을 형성하는 과정에서 화학반응에 의해 황산, 질산, 염산 등 강산으로 변하여 pH가 5.6 이하로 떨어지는 현상을 말한다. 즉 산성비는 석탄, 석유 등 화석연료가 연소할 때 배출되는 이산화황, 질소산화물이 대기 중에서 수소와 결합되는 등 복잡한 화학반응을 일으킨 후 최종적으로 황산이온, 질산이온 등으로 변화하여 강한 산성을 나타내는 비가 내리는 현상을 의미한다.

이러한 산성비는 호수와 강의 산성화로 인한 수중 생물의 피해, 삼림과 농작물의 피해, 철재구조물, 대리석 건물 등의 부식으로 인한 피해, 그리고 인간의 호흡기질병의 유발 등 피해를 야기한다.

이에 1992년 리우에서 개최된 UN 환경개발회의에서 채택된 '의제 21'에서는 선진국은 물론, 개발도상국까지도 향후 산성비 등 광역적 환경문제에 대한 해결을 강조하고 있다.

5.2 국제협약

1) 국제환경협약의 역사

20세기에 들어와 세계인구는 3배 이상 증가하고 세계경제는 20 배로 성장했다. 화석연료의 소비량은 30배로 늘어나고 공업생산량 은 50배로 늘어났다. 이 성장의 대부분은 1950년 이후 약 40년 동안에 일어난 것이다. 급속한 산업 활동의 확대와 인구증가 그리 고 도시화는 환경문제를 야기해 왔는데 초기단계만 하더라도 그 영향의 범위는 국지적 · 국가적인 것이었으나 지속적인 산업화와 도시화의 진행으로 환경문제는 이제 국경을 초월하는 지구적인 문 제로 확대되고 있다.

더 나아가 최근 부각되고 있는 지구온난화, 오존층의 파괴, 해양 오염, 그리고 지구생물종의 감소 등 지구환경문제는 인류의 생존 마저 위협하고 있는 것으로 인식되고 있다. 따라서 지구환경문제 는 그 해결을 위하여 세계 모든 국가가 공동의 노력을 다하여야 한다는 데 의견의 일치를 보고 있다. 그러나 이를 구체적 행동으 로 옮기는 데에는 각국의 이해가 첨예하게 충돌되고 있다. 지구환 경문제의 책임을 선진국에 돌리면서 재정지원 및 기술이전을 요구 하는 개도국과 이를 가능한 한 회피하려는 선진국 간의 이해충돌 이 일고 있으며, 세계적으로 블록화해 가는 지역단위의 이해관계 도 두드러지고 있다. 즉 국제환경질서는 점차 국지적인 것에서 지 구적인 것으로, 그리고 선언적인 것에서 보다 강한 국제적 집행력 을 갖춘 구체적인 형태로 변화되고 있다. 이러한 변화의 추세에 직면하여 환경관련 국제협약의 발전과정을 시대별로 살펴보고자 한다. 국제환경협약체결의 역사적 흐름을 보면, 1940~1960년대에는 국제포경규제협약(1946), 남극조약(1959), 동남대서양생물자원보존협약(1969) 등 해양환경보호, 해양생물자원보호 등과 관련한 국제협약이 주로 체결되었다.

1970년대에는 세계 여러 국가의 공업화·산업화로 인해 해상유류 운송량이 급격히 증가함에 따라 선박에 의한 해양오염사고가 증가하였고, 이에 대비하기 위해 해양오염방지에 관한 협약들이 체결되었으며 런던협약(1972), MARPOL73/78협약(1973)이 있다. 1980년대의 국제환경협약은 새로운 시대적 상황에 부응하기 위한 국제적 환경질서의 추구로 특징지어질 수 있다. 1982년의 '세계자연헌장'과 1987년에 발표된 브런틀런드 보고서, 그리고 유엔환경개발회의에 대한 준비 등 주요한 진전이 있었다. 그리고 1980년대에는 '핵안전관련협약', '오존층보호 관련 협약' 등이 체결되었고, 그 외에도 대기환경의 보호에 관한 국제적 협력, 1989년에 체결된 유해폐기물의 국가 간 이동 및 처리의 통제에 관한 바젤협약도 역시 중요한 발전이었다. 1990년대에 들어서 1992년 유엔환경개발회의(UNCED) 이후 지구환경에 대한 관심이 크게 높아지면서 기후변화협약(1992), 생물다양성협약(1992) 등이 체결되었다.

2) 국제환경협약의 태동기(~1960년대)

현대적 의미의 환경 또는 자연보호를 위한 협약은 제2차 세계대전 이후에 이루어지기 시작했다. 19세기에도 어족을 보호하기 위한 협약이 있었으나, 이는 사실상 조업관할구역의 결정 등에 중점을 둔 것이었다. 1902년에 파리에서 유럽국가들 간에 '농업에 이로운 새의 보호에 관한 협약'(The Convention for the Protection of Birds Useful to Agriculture)이 체결되었는데 이는 야생동식물에 관한 최초의 협약으로 의미가 있으나 본질적으로 농사를 해치는 해충을 잡아먹는 새를 보호하기 위한 것이었다. 1930년대에 들어와서 현대적 의미의 생태계 보호를 위한 협약이 체결되었다. 1933년에 체결된 '자연 상태의 동식물의 보존에 관한 런던협약'(The London Convention Relative to the Preservation of Fauna and Flora in their Natural State)은 아프리카에서의 국립공원의 설치와 몇몇 종자의 보호 등 현대적 의미의 자연보호에 관한 내용을 포함하고 있었다. 한편 1940년 워싱턴에서 '서반구의 자연보호와 야생의 보존에 관한 협약'(The Convention on Nature Protection and Wildlife Preservation in the Western Hemisphere)이 체결되었는데 이는 야생동물, 특히 철새의 서식지를 보호하기 위한 것이었다.

1950~1960년대 초기에 이르기까지 환경 분야에서 국제적 협력이 두드러진 분야는 공유하천 또는 경계수지원의 보호에 관한 것이었다. 모젤 강, 콘스탄스 호, 레만 호 및 라인 강의 수질을 보호하기 위한 인근국가들의 협정이 체결된 것은 모두 이 시기였다. 1960년대에 들어서서 환경위기에 대한 인식이 고조되었다. 1967년 3월에 영불해협에서 대형유조선 토리캐넌(Torry Canyon)이 좌초하는 사고가 나면서 환경문제에 대한 경각심이 커지게 되었다. 토리캐넌호 사건 직후 정부간해사협의체(IMCO)는 유조선의 사고로 인한 피해를 구제하기 위한 두 개의 협약(The Civil Liability Convention, The Fund Convention)과 이러한 사고가 발생할 경우 연안국이 개입할 수 있는 권한에 관한 협약(The Intervention Convention)을 체결하게 된다. 1968년에 유럽이사회는 '대기오염규제에 관한 선언'(The Declaration on Air Pollution Control)과 '유럽수헌장'(The European Water Charter)을 채택하였다. 그리고 같은 해에 아주통합기구(OAU)는 '자연과 천연자원을 보존하기 위한 아프리카 협약'(The African Convention on the Conservation of Nature and Natural Resources)을 체결하였다.

3) 국제환경협약의 성장기(1970년대의 환경협약)

1972년 이후 국제사회는 다양한 국제협약을 통하여 많은 환경 문제에 대처하고자 하였다. 특히 1973년에 개시되어 10년 후에 조인된 유엔해양법회의(UNCLOS Ⅲ)에서 해양환경의 보호가 중요한 의제로 등장한 것은 특기할 만하다. 유엔해양법협약은 12부 '해양환경의 보호와 보전'의 192조부터 237조까지의 상세한 조항은 물론이고 심해저와 대륙붕 및 어족자원 관련조항에도 많은 환경보호 조항을 두고 있다. 실로 해양법협약은 스톡홀름선언 이후 최초의 지구적 차원의 협약으로서 선언의 정신을 충분히 반영한 것이다. 그 외에도 1970년대에는 야생자연의 보호를 위한 중요한 국제환경 협약이 체결되었다.

1971년에는 람사협약이라고 불리는 '물새의 서식지로서 국제적으로 중요한 습지에 관한 협약'(The Convention on Wetlands of International Importance Especially As Waterfowl Habitat)이 체결되었으며, 1972년에는 UNESCO의 주관하에 '세계 문화 및 자연 유산의 보호에 관한 협약'(The UNESCO Convention Concerning the Protection of the World Cultural and Natural Heritage)이 체결되었

다. 1973년에는 '멸종위기에 처한 야생동식물의 국제거래에 관한 협약'(The Convention on International Trade in Endangered Species of Wild Fauna and Flora)이 체결되었고, 1979년에는 본 협약이라고 통칭되는 '이동성 야생동물 실전 협약'(The Convention on the Conservation of Migratory Species of Wild Animals)이 체결되었다. 이들 4개 조약은 야생동식물의 보호를 위한 중요한 국제 협약이다. 1972년에는 해양 투기를 규제하기 위한 '런던 덤핑협약'(The London Dumping Convention)이 체결되었으며, 1973년에는 과거의 유류오염방지협약(OILPOL)을 대체하기 위한 '선박으로부터의 해양오염을 방지하기 위한 협약'이 체결되었는데 이 협약은 1978년의 의정서에 의하여 개정된 후 발효되었으며 흔히 MARPOL 73/78이라고 불린다.

4) 국제환경협약 현황

현재 체결된 국제환경협약은 대기, 수질, 폐기물 및 자연환경 분야에서 210여 개에 달하고 있다. 각종 환경관련 국제협약의 채택 및 발효 건수는 다음 표와 같다.

〈표 1〉 각종 환경관련 국제협약의 채택 및 발효 건수

구분	대기 기후	담수 보호	해양 어업	자연생 물보호	핵안전	유해물 질 및 폐기물	기타	계
채택	12	15	86	50	13	11	29	216
발표	10	9	66	40	12	8	19	164

또한 국제사회의 환경보전을 위한 각종 주요 회의 및 협약을 연도별로 요약·정리하면 아래 그림과 같다.

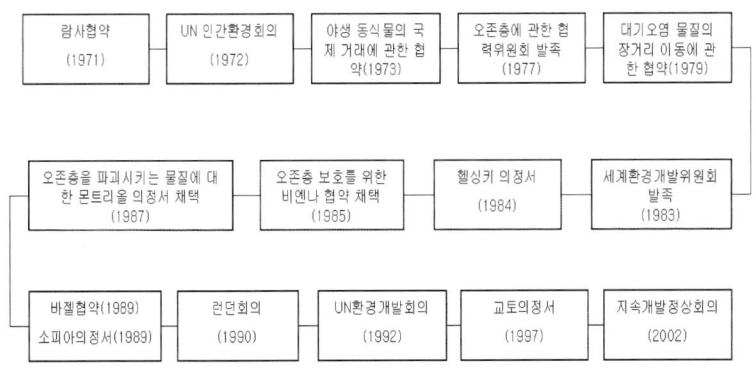

<그림 5> 국제사회의 환경보전을 위한 주요 회의 및 협약

5.3 환경보호를 위한 국제기구

지구의 환경개선과 오염방지를 위한 노력은 여러 가지 각도에서 추진되고 있다. 특히 국제기구를 통해 이루어지는 국제협력은 가장 중요한 방안이 되고 있다. 1872년 유럽철새들의 보호를 위한 국제협력이 시도된 이래 오늘에 이르기까지 오존층 파괴, 산성비, 해양오염, 기후변화 등 다양한 환경오염 분야에 대해 활발한 환경외교가 펼쳐져 왔으며, 이러한 외교활동은 유엔환경계획(UNEP), 유엔개발계획(UNDP), 식량농업기구(FAO), 세계기상기구(WMO), 기후변화에관한정부간협의체(IPCC) 등 국제기구를 중심으로 이루어지고 있다. 국제기구들은 지속가능한 발전을 촉진시키기 위한 계획에 적극 참여하여 왔으며, 환경을 둘러싼 분쟁의 해결과 국제협약체결과정에서 주요한 역할을 수행하고 있다.

국제기구들은 유엔 전문기구, 유엔체제 밖에 있는 정부간기구 (IGOs), 그리고 비정부간기구로 크게 구분할 수 있다. UN 전문기구 중에서 환경문제를 전담하는 기구로서 두드러진 역할을 하고 있는 것은 유엔환경계획(UNEP)이다. 유엔환경계획은 각 정부들과 유엔기구, 정부간기구 및 비정부간기구, 각종 국제법 단체, 전문가 등과 함께 밀접한 상호협력을 바탕으로 환경적 필요조건을 충족시키는 새로운 국제법체제를 성문화하기 위한 노력을 하고 있다. 특히 국제환경오염으로 야기되는 국제책임을 규율하는 원칙 및 규칙을 확립하기 위해 자료를 수집하고, 날씨와 기후, 심해저 개발 등과 같은 범지구적 차원의 관심사를 규제하는 국제협정의 체결을 추진하며, 국제기구들이 기능수행에서 법적 측면을 고려하도록 고무하는 등의 역할을 하고 있다.

그 밖의 UN 전문기구로는 국제해사기구(IMO), 국제노동기구(ILO), 유엔교육과학문화기구(UNESCO), 국제해양위원회(IOC), 세계보건기구(WHO), 국제부흥개발은행(IBRD), 국제통화기금(IMF), 국제원자력기구(IAEA), 국제기상기구(IWO) 등이 있다. 이 기구들도 지구적 차원에서 각종 환경오염에 대처하기 위해 활발한 활동을 하고 있다.

최근 오존협상과 1992년 리우환경회의를 비롯한 각종 국제회의에서 국제적 환경관리에 앞장서서 활발한 활동을 하고 있는 것은 비정부간기구들이다. 개도국에는 2,230개의 환경관련 비정부간기구가 있고, 선진국에는 13,000개가 있는 것으로 추산되고 있다. 국제자연 및 천연자원 보존연합(IUCN), 그린피스(Greenpeace), 지구의 친구들(Friends of the Earth), 세계자연기금(WWFN), 국제법학회

(ILA) 등은 국제공동체의 이익을 위해 활동하는 대표적인 비정부
간기구이다.

비정부간기구는 국가이익보다 공동체의 이익이 우선한다는 공감
대가 폭넓게 확산됨에 따라 오존협상을 비롯한 국제회의에서 중요
한 역할을 수행하고 있다. 그러나 유엔환경개발회의의 진행과 기
후관련회의 등에 제한적으로 참여하는 것만이 인정되고 있으며,
국제협상에 개입할 권리는 주어지지 않고 있다.

현재 유럽공동체를 제외한 대부분의 기구들은 각 국가의 행위에
합법적인 구속력을 갖는 방법으로 영향을 미칠 권한을 갖지 못하
고 있다. 즉 국제기구들은 환경문제 해결에 필요한 실질적 권한이
없으며, 따라서 국제협력의 증대에 필요한 제도적 역량을 갖추고
있지 못한 점이 그 한계인 것이다.

5.4 국제환경법 제정

5.4.1 국제환경법의 형성 배경

국제사회는 제2차 세계대전 이후에 정치적, 경제적으로 급격히
변화하고 있으며 또한 다원화되어 가고 있다. 그 첫 번째 변화로
들 수 있는 것은 국제사회의 조직화 현상이다. 다시 말해서 유엔
(UN), 관세 및 무역에 관한 일반협정(GATT), 세계무역기구(WTO),
국제통화기금(IMF), 국제부흥개발은행(IBRD), 국제해사기구(IMO),
국제원자력기구(IAEA), 유엔환경계획(UNEP) 등을 포함한 많은 국
제기구가 설립되어 국제적인 협력을 도모하며 활발한 활동을 하고
있다. 민간 차원에서 구성된 비정부간기구들(NGOs)도 다양한 기능

을 가지고 국제관계에서 활약하고 있다.

두 번째는 수많은 신생독립국가들의 등장이다. 대다수가 제국주의의 식민지배 상태에서 벗어난 이들 국가는 기존의 국제사회가 강대국에 일방적으로 유리한 체제로 되어 있음을 비난하고, 이러한 불균형을 시정할 것을 강력히 요구하고 있다.

이들의 관심은 먼저 경제적인 측면에서 비롯되어 새로운 국제경제질서(NIEO: New International Economic Order)의 확립을 추구하게 되었으며, 이러한 질서를 구축하기 위해 기본적으로 모든 국가의 법적인 평등과 국제적인 의사결정과정에의 동등한 참여가 실현되어야 한다는 것을 내세우고 있다. 한마디로 국제사회에서 모든 국가가 동등한 권리를 갖는다는 것을 인정하도록 요구한다.

나아가서 이들은 국제법체제 전반에 걸쳐 새로운 가치와 이해에 따르는 법규범을 체계화할 것을 요구하고 있다. 기존의 국제법은 강대국 중심으로 형성되어 왔으나 국제법이 더 이상 강대국들의 이해(interests)를 대변하는 법체계가 되어서는 안 되며, 특정 국가의 이해가 아닌 국제공동체 전체의 이해와 복지를 고려하는 법체계로 재편성되어야 한다는 것이다.

세 번째는 국제법체제의 적용범위가 확대되어 가고 있다는 점이다. 과거에는 국가 간의 조약, 전쟁, 외교, 무역 등에 한정되었던 국제법체제의 적용범위가 급변하는 국제사회의 발전에 따라 환경, 인권, 해양, 우주, 핵개발 등에까지 확대되어 가고 있다.

이러한 국제사회의 변화에 따라 국제사회를 규율하는 국제법의 역할도 확대되어 가고 있다. 국제법은 새로운 국제상황에 알맞은 국제질서를 도출해 내고 이를 법제화하는 데 주요한 의의가 있다. 또한 국제법은 국제사회에서 표출되는 주권, 국제공동체의 공동이

익, 국제법 주체들의 책임과 의무에 관한 분쟁과 갈등을 해소하고 최소화하는 주요한 수단으로서의 역할을 하고 있다.

국제환경법은 국제사회의 변화에 따라 확대된 국제법 분야 중에서도 특히 새로운 분야로서, 환경문제와 관련된 국제법 전체를 포괄하는 개념이다. 다시 말해서 국제환경법은 지구환경을 보호하고, 지구환경에 영향을 미치는 인간 활동을 규제하기 위한 모든 법규칙의 총체를 말한다.

5.4.2 국제환경법의 주요 과제

국제환경법은 완성된 법체계가 아니라 발전단계에 있는 법체계며, 가속화되어 가고 있는 국제사회의 이질화와 개발에 관한 선진국 및 개발도상국 사이의 이해 대립 속에서도 괄목할 만한 발전을 해오고 있다.

국제환경법은 과학적 지식의 발전을 바탕으로 환경오염을 예방하고 규제하기 위한 법제도라는 점에서 사회과학적 측면과 자연과학적 측면을 모두 포함하고 있다. 이러한 특성에 따라 국제환경법은 과학적 지식의 발전에 빠르게 대응해야 한다는 어려움을 안고 있다.

국제환경법은 환경오염 문제에 대해 예방과 피해 보상이라는 두 가지 측면에서 접근한다. 즉 환경오염이 발생하기 전에 이를 예방하고, 만일 불가피하게 오염으로 인하여 피해가 발생한 경우 피해를 입은 사람이나 재산에 대해 보상을 해주도록 제도화하는 것이다.

그동안 국제환경법은 많은 발전을 거듭하면서 사전 예방의 원칙을 제도화하는 성과를 거두어 왔다. 피해보상 문제에 대해서는 해양오염 등 일부 분야에서는 소기의 성과를 거두었지만 전반적으로 볼 때 아직은 커다란 성과를 거두었다고 보기는 어렵다. 이 문제는 현재 진행 중에 있는 '국제책임에 대한 국제협약'이 채택되어야 해결될 수 있을 것이다.

국제환경법은 환경오염을 예방하고 규제할 뿐만 아니라, 오염으로 인한 분쟁을 최소화함으로써 국제사회의 갈등을 해결하는 주요한 기능과 역할을 갖고 있다. 이에 따라 각종 환경문제에 대처하는 법규정을 성문화하고 분쟁해결절차와 제도적 장치를 마련하여 환경문제의 예방과 해결에 주력하고 있다. 실제로 각종 환경문제에 효율적으로 대처하기 위해 모두 수백 개에 달하는 국제협약이 체결되었으며, 협약 외에도 국제관습법, 법의 일반원칙 등이 형성되었다. 이들 법규범을 이행하고 준수하기 위해 다양한 제재의 방법도 강구되고 있다.

그러나 국제환경법은 환경문제를 포괄적으로 규제함에 있어 일정한 한계를 지니고 있다. 그 대부분은 국제법 자체가 내포하고 있는 제도적 결함과 불확실성에서 비롯된다.

국제사회는 국내사회에 비해 조직화되어 있지 못하기 때문에 이를 규율하는 국제법 자체가 국내법에 비해 구조적으로 불완전하고 발전 정도가 뒤져 있다. 따라서 국내법처럼 일관성 있는 입법을 추진하고 이행을 강제하거나 또는 법원이 강제관할권을 행사하기 어려운 형편이다.

국제환경법은 다른 국제법 분야에 비해 효율적이고 많은 성과를 거둔 것이 사실이나, 위와 같은 내재적 한계를 극복하고 환경규제 기능을 보다 강화하는 것이 국제환경법의 주요한 과제라고 할 것이다.

5.4.3 국제환경법의 연원과 발전

1) 기존의 국제환경법질서—전통적인 연원

일반적인 국제법의 연원은 크게 주된 연원과 보조적 연원으로 나누어 볼 수 있다. 주된 연원으로 들 수 있는 것이 조약과 관습법이며, 보조적 연원으로 들 수 있는 것이 법의 일반원칙, 국제법원과 국내법원의 판결, 그리고 공법학자들의 학설 등이다. 이와 같은 국제법 연원 중에서 환경에 관계되는 것을 국제환경법의 연원이라고 볼 수 있다.

조약은 2개 이상의 국제법 주체들 사이의 합의에 따라 체결한 국제법의 규율을 받는 국제협정으로서, 환경관련 국제법규를 창설하는 수단 중 가장 중요하고 또 보편적으로 이용되는 것이다. 지금까지 환경문제를 규율하기 위해 체결된 조약은 국제하천에 관한 조약 이외에도 거의 200여 개에 이르며, 이 중에는 1979년 대기오염의 장거리 국경이동에 관한 제네바(Geneva)협약, 1982년 유엔해양법협약, 1985년 오존층 보호를 위한 비인(Wien)협약과 일련의 의정서, 1992년 생물다양성협약과 기후협약 등 다양한 환경 분야가 포함되어 있다.

국제관습법은 번거로운 비준절차가 없고, 국제사회의 보편적인 동의를 쉽게 얻을 수 있으며, 국제사회의 변화와 요구를 재빨리 수용할 수 있기 때문에 급속하게 변화하는 환경문제에 탄력적으로 대처할 수 있는 이점이 있다. 따라서 환경문제를 규율하기 위한 많은 국제관습법이 형성되었다.

법의 일반원칙은 국제사회의 구성원인 각 국가에서 인정하는 법원칙을 말한다. 법의 일반원칙은 조약이나 관습법에 의해서도 해결할 수 없는 사안이 있는 경우에 이를 보완하는 역할을 한다.

그 밖에 국제법원의 사법적 결정, 공법학자들의 학설, 유엔총회의 결의안(resolution)과 여러 유엔기관의 결의안, 그리고 이들 기관에 의한 원칙선언(declaration of principles) 등이 있다.

2) 새로운 국제환경법질서—비전통적 환경법 연원

• 연성법(soft law)

전통적 국제환경법 연원의 한계를 벗어나기 위해 등장한 비전통적 법원(法源)은 새로운 국제환경법질서로서의 연성법이다. 연성법은 골격조약 내지 우산조약(framework or umbrella treaty), 원칙선언, 행위법전(codes), 권고, 결의안, 또는 지침 등 여러 가지 형태로 되어 있다. 이들의 특징은 구속력이 완화된 규범의 형태로 되어 있으며, 모든 당사자가 기본적인 원칙에 대해 동의하되 당사자에 따라 해석의 차이를 인정하고, 법규정을 준수하는 시기와 방법도 당사자가 선택하도록 하고 있다. 이와 같이 모호한 조건으로 되어 있기 때문에 더 많은 당사자들이 의무조항을 받아들일 수 있게 하고, 기존의 경성법(hard law)보다 더 상세하고 제한적인 형태의 의무도 조문화하는 데 성공하고 있다.

특히 환경 분야에서 연성법이 선호되는 이유는 이 분야가 과학적인 불확실성을 내포하고 있을 뿐만 아니라 커다란 경제적 부담을 수반하기 때문에 국가들이 경성법의 경우에서와 같은 구속을 받지 않으려는 경향을 보이는 탓이다.

연성법은 이미 국제환경법의 많은 부분에서 활용되고 있으며,

1972년 스톡홀름선언과 1992년 리우선언, 2002년 요하네스버그선언 등을 포함한 유엔환경개발회의의 원칙선언, 유엔환경계획(UNEP), 국제해사기구(IMO), 국제자연보호연합(IUCN) 등이 추진한 주요 계획들과 지침 및 행위원칙 등이 있다.

• 1972년 스톡홀름선언

1972년 6월에 개최된 유엔인간환경회의는 국제환경문제에 효과적으로 대처하기 위한 새로운 국제환경법질서로서 시도된 것이다. 인간환경문제를 논의하자는 스웨덴의 제안에 따라 개최된 이 회의에서는 모두 113개 국가와 13개의 국제기구가 참석하였으며, 환경적 위협에 맞서 전 세계적인 협력을 약속하는 스톡홀름선언을 채택하였다.

스톡홀름선언은 세계의 모든 사람들에게 환경문제의 본질을 알리고, 그 해결을 위해서는 공통의 사상과 원칙이 필요하다는 전제 하에서 환경에 관한 기본원칙을 내세우고 있다. 이 선언에 포함된 기본원칙은 모두 26개이며, 이 원칙들과 행동계획에 명시된 권고사항들은 법적 구속력은 없지만 환경법의 기본골격과 방향을 제시하는 중요한 의의를 갖는 것이다.

• 1992년 리우선언 및 의제 21

1972년 스톡홀름선언 이후 점차 악화되어 가는 지구의 환경오염을 개선하고 선진국과 개도국 간의 빈부격차를 해소하기 위해 개최된 것이 1992년 6월 브라질의 리우에서 열린 유엔환경개발회의이다. 이 회의에는 모두 178개국의 대표단과 6,000여 비정부간 기구가 모여 환경과 개발의 조화를 꾀하고, 지구환경을 훼손시키지 않는 지속가능한 개발의 실현을 위해 지구 차원의 공동노력을 추구하였다.

　리우회의에서는 지구환경보전을 위한 이념적 방향을 설정하는 리우 선언을 채택하고, 이 선언에서 제시된 원칙들을 구체적으로 실천하는 행동강령인 의제 21(Agenda 21)에 합의함으로써, 환경문제에 대한 범세계적인 대응체제를 구축하는 데 일단 성공하였다. 또한 구체적인 관련협약으로서 유엔기후변화협약, 생물다양성협약, 그리고 산림의정서 등을 채택하였다. 기후변화협약과 생물다양성협약은 회의 기간 중 서명을 위해 개방되었으며, 각각 156개국과 158개국에 의해 서명됨으로써 국제사회의 압도적인 지지를 받음을 실증했다. 의제 21을 이행하기 위해 폐기물, 유독성 화학물질, 해양오염, 해양생물자원 등 모든 분야에 걸친 환경협약이 체결되고 있다.

• 2002년 요하네스버그선언 및 WSSD 이행계획

　2002년 남아프리카공화국의 요하네스버그에서는 제2차 지구정상회의(WSSD: World Summit on Sustainable Development, 지속가능한 개발을 위한 세계정상회의)가 개최되었다. 이 회의는 1992년 리우회의에서 채택된 리우선언과 의제 21(Agenda 21)의 성과를 평가하고 미래의 이행전략을 마련하기 위한 것으로, 106개국에서 국가원수급 대표단과 189개 유엔 회원국 정부 및 비정부기구(NGOs) 대표단 6만여 명이 참석하였다. 리우회의가 열린 지 10년 만에 개최되었다고 해서 '리우＋10 회의'라고도 부른다.

　리우회의 이후 10년 동안 환경파괴와 자원고갈 및 빈곤문제는 더 심화되고 개도국에 대한 재정지원과 기술이전이 실현되지 않는 등 리우회의에서 약속했던 목표는 제대로 달성되지 못했다. 리우선언과 의제 21에 구체적인 이행수단이 마련되어 있지 않아 약속을 지키는 데 일정한 한계가 있었기 때문이다.

요하네스버그회의는 이를 보완하기 위해 빈곤, 물 부족, 보건위생, 대체 에너지원, 무역불균형 등 다양한 의제에 대해 구체적인 실천방안이 포함된 선언문과 이행계획을 세운다는 목표하에 개최되었다. 이 회의에서는 특히 빈곤퇴치를 주요의제로 삼고 개도국에 대한 재정지원, 무역불균형 시정 등 개도국의 빈곤 심화를 막기 위한 여러 가지 논의가 있었다. 선진국과 개도국의 대립, 미국의 비협조 등으로 합의를 이루는 데에 많은 어려움이 있었으나 10일간에 걸친 회의 끝에 지속가능한 개발을 위한 요하네스버그선언과 WSSD 이행계획이 채택되었다.

요하네스버그선언은 지속가능한 발전을 위해 국제사회가 환경보호 및 경제적·사회적 발전에 대해 공동의 책임을 가지며, 빈곤퇴치와 인류발전을 위해 확고한 노력을 하고, 빈곤퇴치, 소비·생산 패턴 변경 및 자연자원 기반의 보전·관리 를 지속가능발전의 필수요건이자 목표로 인식한다는 등의 지속가능한 발전을 위한 국제사회의 실천의지를 담고 있다.

WSSD 이행계획은 지구환경 보호를 위해 빈곤 퇴치, 지속가능하지 못한 소비·생산 패턴의 변경, 자연자원 보전·관리, 건강 보호 등의 152개 분야에서 지속가능한 발전을 추구하는 것을 내용으로 하고 있다.

6. 환경문제 해결을 위한 국가적 노력

6.1 환경개선 부담금 제도

환경개선 부담금 제도는 오염 원인자 부담 원칙에 따라 오염물질을 배출하는 자가 그에 상응하는 오염물질 처리 비용을 부담하도록 하여 오염 절감을 유도하고 하수처리시설 등 건설을 위한 환경투자재원을 확충하는 데 목적이 있으며, 그 법적 근거로서 '환경개선비용부담법'을 1991년 12월에 제정하여 시행 중에 있다.

환경개선 부담금의 부과 대상은 유통·소비 과정에서 오염물질의 다량 배출로 인하여 환경오염의 직접적 요인이 되는 시설물과 자동차로서, 시설물의 경우 점포·사무실 등 지붕과 벽 및 기둥이 있는 각 층 바닥면적의 합계가 160㎡ 이상인 시설물을 부과 대상으로 하고 있으며, 자동차는 '자동차관리법'에 의해 등록된 전국의 경유 사용 자동차로 하고 있다. 공장 등 생산·제조 부문의 시설물과 삼원촉매장치 부착 등 이미 원인자 부담을 하고 있는 휘발유 사용 자동차는 부과 대상에서 제외되고 있으며, 외국 정부 소유의 시설물과 자동차, 단독주택·공동주택 등 주거용 시설물은 부과 면제되고 있다.

6.2 환경마크제도

환경마크제도(Eco - Labelling)는 친환경적이며 품질·성능이 우수한 제품에 대해 환경마크를 표시하도록 하는 국가공인 인증제도이다.

동일 용도의 제품 가운데 원료취득→생산→유통→사용→폐기 등 제품의 전 과정 각 단계에 걸쳐 자원·에너지를 덜 소비하고 오염 물질을 덜 배출하는 친환경상품을 선별해 정해진 형태의 환경마크와 간단한 설명을 표시하도록 하는 자발적 인증제도이다.

환경마크제도의 목적은 친환경 제품에 대한 정확한 정보를 소비자에게 알기 쉽게 제공함으로써 녹색구매·녹색소비를 활성화하고, 기업으로 하여금 소비자 선호에 부합하는 친환경 제품을 개발·생산하도록 유도하여 지속가능 사회를 구축하는 데 있다.

1979년 독일에서 처음 시행된 환경마크제도는, 현재 유럽연합(EU)·북유럽(Nordic)·캐나다·일본 등 세계 40여개 국가·기관에서 시행 중이며, 우리나라에서는 '환경기술개발및지원에관한법률' 제20조에 의거 1992년 4월부터 시행해 오고 있다. 국제적으로는 환경마크제도 운영기관 간 국제적 협의체인 '국제환경라벨링네트워크(GEN: Global Ecolabelling Network)'가 구성되어 있으며, 우리나라는 1997년부터 가입해 활동 중이다.

환경마크제도의 운영 주체는 해당국의 여건이나 제도, 운영 목적에 따라 다르며, 우리나라는 환경부와 환경마크협회가 담당하고 있다. 환경부(환경경제과)에서는 환경마크제도 관련 법규 제·개정 등 제도 전반을 총괄·관리하고 있다. 세부적으로는 환경마크 대상제품 및 인증기준 고시, 우선구매기관의 환경마크 인증제품 구매실적 파악 및 공표, 기타 환경마크제도와 관련한 기술적·행정적 업무를 지원하고 있다. 환경마크협회에서는 환경마크 대상제품 선정 및 대상제품별 인증기준 제·개정안 마련, 환경마크 인증 및 인증제품에 대한 사후관리·환경마크제도 및 인증제품 홍보사업, 기타 관련 행정업무 등을 맡고 있다.

6.3 환경영향평가제도

환경영향평가제도란 각종 개발 계획 및 개발 사업을 수립·시행하는 과정에서 환경에 미치는 부정적인 영향을 미리 예측·분석하고 그에 대한 저감방안을 강구함으로써 환경적으로 건전하고 지속가능한 개발을 유도하기 위하여 실시하는 제도이다. 여러 가지 개발 정책 또는 계획의 대안 가운데서 환경적으로 건전하고, 지속적인 안을 선택할 수 있도록 사전에 환경측면의 배려를 의무화한 의사결정과정이다. 환경영향평가제도의 기능 및 역할은 다음과 같다.

- 환경에 미치는 부정적인 영향을 사전에 제거하거나 최소화할 수 있도록 방향 제공
- 정책결정권자의 의사결정을 위한 자료 및 합리적인 개발행위 수립을 위한 자료 제공
- 지속가능한 개발을 위한 사전 예방적인 수단
- 사업계획의 합목적성을 객관적으로 인정시키는 도구

환경영향평가는 미래의 불확실한 환경 변화 상태를 과학적으로 예측해야 한다는 측면에서 예측·평가 기법의 개발을 위해 끊임없는 연구·개발이 필요한 분야이다. 환경영향평가 시 다루게 되는 평가 분야 및 항목은 자연환경, 생활환경, 사회경제환경의 3개 분야에 23개 항목이 있다.

- 자연환경 ― 기상, 지형·지질, 동·식물, 해양 환경, 수리·수문
- 생활환경 ― 토지이용, 대기질, 수질, 토양, 폐기물, 소음·진동, 악취, 전파 방해, 일조장애, 위락·경관, 위생·공중보건
- 사회경제환경 ― 인구, 주거, 산업, 공공시설, 교육, 교통, 문

화재

환경영향평가제도는 그 본질이 '규제'에 있기보다는 사업자가 개발 계획을 수립하면서 환경영향을 예측·분석해 스스로 환경 악영향을 줄일 수 있는 계획을 수립하고 저감방안을 제시하는 의사 결정제도이기 때문에 사업자 스스로 하는 것이 원칙이다. 그러나 사업자가 환경영향평가를 할 수 있는 전문 능력 및 인력을 갖추지 못한 경우가 대부분이기 때문에 평가대행기관에 의뢰하여 환경영향평가를 수행할 수 있도록 하고 있다.

환경영향평가서는 개발 사업의 시행으로 인한 환경영향을 사전에 예측하여 환경에 미치는 악영향을 줄이기 위한 '사전 예방적' 제도이므로, 개발 사업의 실시계획 승인 등 기본결정이 이루어지기 전에 작성·협의토록 되어 있다. 17개 분야 62개 단위사업별로 평가서의 제출 시기나 협의 요청 시기는 환경영향평가법 시행령 별표 1에 제시되어 있다.

6.4 환경친화기업경영

환경친화기업경영이란 기업이 환경 규제치 준수에 그치는 기존의 대응방식을 탈피하여 자율적으로 사업 활동의 전 과정에 걸친 환경영향을 평가하고 구체적인 환경목표를 설정하여 지속적으로 환경개선을 도모하는 적극적인 경영방식을 말한다. 법정기준치 이하로 지속적인 환경개선을 도모하기 위해서는 기업의 자발적인 노력이 절실히 필요한데, 기업의 자발적인 환경개선을 유도하여 환경보전의 효율성을 극대화하기 위해 환경친화기업지정제도를 도입하고 있다.

　환경친화기업지정을 희망하는 기업은 자체적으로 제품 설계부터 생산 및 사후처리까지 사업 활동 전반에 걸쳐 총체적인 환경영향을 평가한다. 환경친화기업은 사업 활동 전반에 걸쳐 환경영향평가를 토대로 정략적인 환경개선 목표를 설정하고 환경개선 계획의 실행방법 및 투자계획을 검토한다. 기업의 환경영향평가 항목은 다음과 같다.

- 용수, 유독물질, 에너지 및 원재료 사용량 등
- 생산공정의 환경성 평가
- 대기, 수질, 폐기물 등 배출되는 오염물질의 종류, 배출량 등

　환경친화기업에 지정된 기업의 '대기환경보전법', '수질환경보전법'의 규정에 의한 배출 시설 및 변경 허가를 신고로 대체할 수 있고 사업장에 대한 오염물질을 채취하거나 관계서류, 시설, 장비 등의 검사가 면제될 수 있으며, 중소기업의 경우 방지시설 설치자금 융자 신청 시 우선순위를 적용하고, 각종 표창 시 우선순위가 적용되는 우대를 받을 수 있다.

6.5 소비의 녹색화

　소비의 녹색화(green consumerism)는 자본주의 경제에서 바람직한 소비생활은 자신의 욕구를 정확히 파악하고, 상품에 관한 정보를 충분히 알아본 뒤에 가진 돈의 범위 내에서 나에게 가장 필요한 제품을 구매하는 것이다. 이러한 소비를 일컬어 합리적인 소비라고 하는데, 이때의 합리성은 어디까지나 경제적 합리성을 의미할 뿐이다. 그러나 환경위기의 시대에는 돈의 가치를 제대로 실현하는 일 못지않게 소비가 환경에 미치는 영향을 고려하는 소비생

활이 필요하다. 이렇게 자연을 보전하며 환경오염을 줄이고, 자원을 아껴 쓰는 소비 생활을 실천하려고 노력하는 소비를 녹색소비라고 한다. 선진국에서는 벌써부터 이러한 환경오염과 소비 생활과의 관계를 인식하고, 소비의 녹색화를 추진하고 있으며, 여러 환경·시민단체가 녹색소비자운동을 전개하고 있다.

Ⅱ. 환경관련 국제기구 소개 및 정보원

APPPC

Asia and Pacific Plant Protection Commission

아ㆍ태식물보호위원회

① 기구

1) 소재지

주　　소　Maliwan Mansion 39 Phra Atit Road, Bangkok
　　　　　10200, Thailand

전　　화　+ 662 697 4268

팩　　스　+ 662 697 4445

전자우편　Yongfanpiao@fao.org

홈페이지　http://www.ippc.int

2) 설립배경

1956년 2월 27일 동남아ㆍ태평양지역식물보호협정(Plant Pro-
tection Agreement for the South East Asia and Pacific
Region)이 FAO 이사회에서 채택되고, 동년 7월 2일까지 호주,
스리랑카, 영국, 라오스, 인도네시아, 포르투갈, 베트남, 인도
등 8개국이 동 협정에 서명함에 따라 발효되었다.

위원회는 동 협정 제2조에 의거하여 설치된 것으로, 설치 당시
의 명칭은 PPCSEAPR(Plant Protection Committee for the
South East Asia and Pacific Region)이었으나, 1978년 제11차
총회에서 이를 APPPC(Asia and Pacific Plant Protection
Commission)으로 바꾸자는 개정안이 채택되어, 이 개정안이
1983년 2월 16일 발효됨으로써 현재의 명칭이 되었다.

3) 설립목적

아·태식물보호위원회는 아시아·태평양 지역 내 식물병충해
확산을 방지하고, 병충해 방제에 국제협력을 도모하는 데 그
목적을 두고 있다.

4) 기능

- 협정준수에 필요한 절차와 준비사항 결정
- 협정가입국에 대한 권고 및 건의 시행
- 각국의 협정 이행 상태에 관한 보고서 검토
- 국가 간의 상호지원이 요청되는 사항에 관한 협의
- 회원국의 식물보호 업무를 강화·발전시키는 데 필요한 권고
  와 조치 등을 제안

5) 회원국

현재 23개국이 아시아·태평양 식물보호위원회의 회원이다.
호주, 방글라데시, 캄보디아, 중국, 피지, 프랑스(프랑스령 폴리

네시아), 인도, 인도네시아, 라오스, 말레이시아, 미얀마, 네팔, 뉴질랜드, 파키스탄, 파푸아뉴기니, 필리핀, 포르투갈(for Madcap), 한국, 사모아(Western)의 솔로몬제도, 스리랑카, 태국, 통가, 베트남

6) 한국과의 관계

한국은 1981년 11월 1일에 협정에 대한 가입서를 발송함으로써 동 위원회의 23번째 회원국이 되었다. 1991년 제16차 총회에서 한국은 호주, 중국, 인도 등과 함께 집행위원회 위원으로 지명되었다.

② 정보원

1) 정보배포정책

APPPC의 회의보고서 및 정보 자료는 국제식물보호협약(IPPC) 홈페이지에서 다운로드할 수 있다.

2) 정보 자료

- *Report of the 22nd Session of the APPPC*
- *Report of the 23rd Session of the APPPC*
- *Report of the Expert Consultation on Regional Standards for Phytosanitary Measures and Information Sharing 1 Nov 02*

- *Amendments to the Plant Protection Agreement for the Asia and Pacific Region*
- *APPPC RSPM No.1: Guidelines for the Development of the Heat Disinfection Treatments of Fruit Fly Host Commodities*
- *APPPC RSPM No.2: Training Requirements for Plant Quarantine Inspectors*
- *Guidelines for Country Report*
- *Plant Protection Agreement for the Asia and Pacific Region*

Basel Convention

Basel Convention on the Control of Transboundary Movements of Hazardous Wastes and their Disposal

바젤협약

1 기구

1) 소재지

주   소   Secretariat of the Basel Convention, International
Environment House, 13 - 15 Chemin dea Anem-
ones Building D, CH - 1219 Chatelaine, Geneva,
Switzerland

전   화   +41 22 917 8218

팩   스   +41 22 797 3454

전자우편   sbc@unep.ch

홈페이지   http://www.basel.int/

2) 설립연혁

바젤협약은 유해폐기물, 기타 폐기물, 그리고 이 폐기물들의 국
가 간 이동으로 야기될 수 있는 인류건강에 대한 위협과 환경
파괴를 방지하기 위하여 1983년 스위스 바젤에서 채택되어
1992년 5월 5일부터 발효되었다. 1970년대 이래 선진국들은
자국의 엄격한 규제를 피하여 유해폐기물을 아프리카나 중남
미, 동구권 국가에 수출하였는데, 이들 수입국들에서 폐기물이
적절하게 처리되지 못한 결과로 인한 환경문제가 국제적인 문
제로 대두하였다. 이에 유엔환경계획에서 참가국 116개국의 만
장일치로 본 협약이 채택되었다.

3) 설립목적

유해폐기물의 국가 간 교역을 통제하는 바젤협약의 목적은 주
로 선진국들이 부적절한 방법으로 폐기물을 개발도상국에서 처
리하는 행위를 금지하는 것이다. 바젤협약의 주된 목적은 다음

과 같다.
- 유해폐기물의 발생양과 유해도를 최소화 한다.
- 유해폐기물 발생의 근본적 원인을 찾아 최대한 제거한다.
- 유해폐기물의 이동을 줄인다.

4) 조직

140여개 당사국으로 구성되어 있으며, 각 당사국마다 협약 내용
의 이행에 관한 정보교류를 담당하는 담당자(focal point)가 있다.
사무국은 사무총장 아래 경영지원실, 과학기술실, 회의서비스실,
행정실, 정보통신실, 자원모금실 등의 조직으로 이루어져 있다.

5) 주요사업

2000~2010년 동안 바젤협약은 아래의 사업에 주력하고 있다.
- 사회, 기술, 경제적 여건을 고려한 유해폐기물의 예방, 최소
  화, 재활용 활동
- 폐기물을 덜 생산하는 기술 및 생산 방식 보급
- 유해폐기물의 이동 최소화
- 유해폐기물의 불법거래 감시 및 방지
- 개발도상국의 제도적·기술적 역량 강화
- 기술이전 및 훈련을 위한 지역 센터 확충
- 사회 전반의 교육 및 인식 제고를 통한 정보교류 개선
- 공공당국, 국제기구, 기업계, 비정부기구, 학술기관 등과의
  협력 강화
- 협약의 효과적인 이행을 위한 적용 방식 연구

6) 한국과의 관계

한국은 1994년 2월 28일 가입했다. 바젤협약을 국내법으로 수용해 '폐기물의 국가 간 이동 및 그 처리에 관한 법률'에 의해 폐기물의 수출입을 관리하고 있다. 1992년 12월 8일 제정·공포되고 1994년 5월 29일 발효된 동 법률에 의거, 환경부장관이 고시한 유해폐기물을 수출하거나 수입하려면 반드시 산업자원부장관의 허가를 받아야 한다. 수출입이 통제되는 폐기물의 종류는 국가에 따라 차이가 있으며, 우리나라의 경우는 PCB 함유 폐기물, 폐유, 하수슬러지, 폐배터리 등 바젤협약과 경제개발협력기구(OECD)에서 정한 99개 품목의 유해폐기물을 통제대상으로 고시하고 있다(환경부고시 제1998-78호, '98. 7. 15).

② 정보원

1) 정보배포정책

바젤협약의 홈페이지는 협약 내용의 전문과 각 당사국의 연락처 및 조인 날짜 등의 정보를 제공한다. 최근 수정 사항도 고지해 놓고 있다. 하지만 협약에 관한 더 심층적인 정보는 유료 사이트인 untreaty.un.org에서 볼 수 있다. 출판물도 협약과 관련된 문서와 안내 책자들 중심이다. 대다수가 온라인 무료 정보원의 형태로 쉽게 이용할 수 있다. 주요 정보원을 소개하면 아래와 같다.

2) 정보 자료

(1) Text of the Convention

협약의 전문을 여섯 가지 언어로 제공하고 있다. PDF 형식의 무료 정보원이다.

(2) National Reporting

각 당사국은 연말마다 지난 한 해 동안 조약 이행 현황에 관한 보고서를 제출할 의무가 있다. 'National Reporting' 란에서 각 연도마다 보고서를 제출한 당사국 명단이나 당사국이 기입해야 할 질문지 내용을 볼 수 있다. 무엇보다 'Reporting Database'를 통해 나라나 지역, 문제유형 연도에 따라 구분하여 보고서 내용을 확인할 수 있다.

(3) National Definition

바젤협약의 적용 대상인 유해폐기물은 감염성, 부식성, 독성, 폭발성, 인화성 및 생태독성 등 13개 특성을 지니고 있는 폐기물 47종이며, 의료 및 의약폐기물, 시안화물 폐기물, 폴리염화페닐류, 염료 및 염료폐기물, 접착폐기물, 중금속 등이 포함되어 있다. 다만, 각 당사국마다 규정하는 폐기물 범주가 조금씩 차이가 있기 때문에, 협약에 포함되진 않았지만 국가적 차원에서 유해폐기물로 처리하고 싶은 물질이 있다면 바젤협약 사무국에 통보해야 한다. 또는 국가적 차원에서 유해폐기물의 반입을 전면, 또는 일부 거부하기로 결정이 났다면 역시 사무국에 알려야 한다. 'National Definition' 란에 이런 사례들을 나라별로 정리해 놓았다.

(4) Meeting Documents

당사국들 간의 회의 문서를 종류별로 정렬해 다운로드할 수 있다.

(5) Publications

- Manuals

폐기물 처리 계획에 관한 안내 책자를 다운받을 수 있다.

- Information Leaflets

바젤협약 개요, 바젤협약 지역협력센터 개요, 유해폐기물과 불법유통 등에 대한 개괄적인 정보를 제공한다.

- Training Resource Pack

개발도상국 환경에서 유해폐기물 처리에 관한 훈련용 교육 컨텐츠를 온라인 정보원 형태로 제공한다. 영어와 스페인어가 있다.

- Other Publications

바젤협약 전문, 바젤선언, 바젤의정서, 바젤협약 실행을 위한 전체계획(2000 - 2010), 당사국 보고서 등 협약의 채택과 준수에 관한 문서들을 제공한다.

CABI

CAB International

국제병해충연구소

① 기구

1) 소재지

주　　소　CABI Head Office, Nosworthy Way, Wallingford, Oxfordshire, OX10 8DE, UK

전　　화　(+44) 01491 832111

팩　　스　(+44) 01491 829292

전자우편　enquires@cabi.org

홈페이지　http://www.cabi.org

2) 설립연혁

1927년 런던에서 열린 영국왕실농업연구회의(IARC: Imperial Agricultural Research Conference)에서 여러 사무국을 개설해 각 분야의 초록지(abstract journal)를 출판하기로 결정했다. 1930년 영국왕실농업사무국으로 정식 발족했으며, 1973년 모든 학술자의 초록을 데이터베이스화 했다(이후 전산화됨). 1986년

CAB International로 기관 명칭을 변경하고 세계적인 식물병해충 연구기관이자 비영리정부간기구로 성장했다.

3) 설립목적

CABI는 농업과 환경 분야의 문제 해결을 위해 과학적 전문성을 도입하고 정보를 제공해서 전 세계인들의 삶의 질을 개선하는 데 그 목적이 있다.

4) 주요사업

CABI의 주요사업은 다음과 같다.

• 출판

세계적으로 권위 있는 서지정보 데이터베이스인 CAB Abstracts를 포함한 질 높은 과학 정보와 멀티미디어 자료, 단행본과 인터넷 자료의 출판을 담당한다. 주제 분야는 농업과 동물, 수의학, 환경학, 인간 보건, 음식과 영양, 여가와 관광, 미생물학과 기생충학, 식물학을 포괄한다.

• 과학 프로젝트 수행과 자문

고품질 저비용의 농산품 생산과 병해충 감소, 빈곤지역 개발 등 과학 분야에 주력한다.

• 미생물학

곰팡이, 효모, 박테리아 등에 대한 전문 지식을 제공한다. 제약회사부터 식품회사까지 다양한 기관과 협력한다.

5) 조직

CABI는 40여 개의 회원국으로 구성되어 있다. 상임위원회, 독립적인 이사회와 검토회의가 CABI의 활동을 관장한다.
- 검토회의(Review Conference)
  회원국으로 이뤄진 CABI의 최고의사결정기관으로 CABI의 사업을 검토하고 전체적인 정책과 전략을 결정한다.
- 상임위원회(Executive Council)
  40개 회원국 대표가 CABI의 활동을 감독하고 검토회의의 결의안을 실행한다. 위원회는 연간 예산을 편성하고 새로운 회원국 가입과 주요 의사결정에 관여한다.
- 이사회(Governing Board)
  자문기관으로 CABI의 사업을 감독하고 운영이나 전략적 문제를 자문한다.

② 정보원

1) 정보배포정책

정보원 출판은 CABI가 가장 주력하는 사업 분야로 농업 및 응용생명과학 분야의 서지정보 데이터베이스, 단행본, CD-ROM, 인터넷 자료 등을 폭넓게 제공한다. 단, 상당수가 유료이다. 다양하고 전문적인 데이터베이스를 개발해서 국내에서는 (주)신원데이터넷이 도서관·정보센터 등의 기관을 상대로 CABI

정보 서비스를 판매하기도 한다. CABI 홈페이지의 'Publishing Products' 란에 종류별로 나열되어 있고, 전문을 제공하는 정보원은 별도로 'Full Text Products' 란에 제공되고 있다.

2) 정보 자료

① CABI 정보원의 주제 분야
  • 농업: 축산과 원예, 작물 등 과학과 응용경제학, 농촌연구
  • 환경학: 생물다양성, 생태학, 기후변화, 산림학, 토양학과 수리학(水理學)
  • 식물학: 생물공학, 식물 생물학, 유전학, 식물 보호
  • 동물 및 수의학: 동물영양, 복지, 기생충학 및 감염성 질환, 양식
  • 미생물학 및 기생충학: 균류학, 세균학, 바이러스학
  • 인간 보건 및 영양: 공중보건과 전염병
  • 여가, 오락 및 관광

② CABI의 정보원
  • CAB Abstracts
    생명과학, 농학, 기생충학, 인체 영양학, 수의학 등의 주제 분야를 다루며 1973년부터의 학술지 초록을 데이터베이스화 했다. 9,000여 종의 학술지, 단행본, 회의록을 보유한다. 자료 건수로는 4백만 건 이상이며, 유사 DB에서 볼 수 없는 3,350종의 학술지 자료를 제공하고 전 세계 140개 이상 국가의 50개의 언어로 된 자료에서 발췌된 국제적 자료를

포함한다. FAO 지정 데이터베이스이기도 하다. 유료 서비스이지만 전화나 전자우편으로 일정기간 무료로 이용할 수 있는 'Trial ID'를 신청할 수 있으며 구매도 가능하다. 'CAB Abstracts Archive'에는 1913년부터 1972년까지의 자료가 데이터베이스로 구축되어 있는데, 쉽게 찾아볼 수 없는 역사적인 과거 자료를 제공하며 과거의 기술, 연구 오류 등을 찾아볼 수 있다. 1,860,000건 이상의 자료를 1회 구입으로 이용할 수 있다.

· Global Health

서지정보와 초록 데이터베이스로 공중보건 연구와 실용 분야를 전문으로 제공한다. 1973년부터 현재까지 35,000여 종의 학술지, 단행본, 보고서 등에서 추출한 110만여 건의 과학 정보원을 제공한다. 매년 75,000건의 자료가 추가되며 이 중 95%가 초록을 포함한다. 아래 목록은 'CAB Abstracts'와 'Global Health' 데이터베이스에서 자주 이용되는 46건의 전문 초록지이다(CABI의 주제별 전문가가 목록을 정기적으로 관리한다). 구매할 때 인쇄용이나 온라인용 중 선택이 가능하다.

- *Abstracts on Hygiene and Communicable Diseases*
- *AgBiotech News and Information*
- *Agricultural Engineering Abstracts*
- *Agroforestry Abstracts*
- *Animal Breeding Abstracts*
- *Biocontrol News and Information*
- *Biofuels Abstracts*

- *Botanical Pesticides*
- *Crop Physiology Abstracts*
- *Dairy Science Abstracts*
- *Field Crop Abstracts*
- *Forest Products Abstracts*
- *Forestry Abstracts*
- *Grasslands and Forage Abstracts*
- *Helminthological Abstracts*
- *Horticultural Science Abstracts*
- *Index Veterinarians*
- *Irrigation and Drainage Abstracts*
- *Leisure, Recreation and Tourism Abstracts*
- *Maize Abstracts*
- *Nematological Abstracts*
- *Nutrition Abstracts and Reviews Series A: Human and Experimental*
- *Nutrition Abstracts and Reviews Series B: Livestock Feeds and Feeding*
- *Ornamental Horticulture*
- *Pig News and Information*
- *Plant Breeding Abstracts*
- *Plant Genetic Resources Abstracts*
- *Plant Growth Regulator Abstracts*
- *Postharvest News and Information*
- *Potato Abstracts*

- *Poultry Abstracts*
- *Protozoological Abstracts*
- *Review of Agricultural Entomology*
- *Review of Aromatic and Medicinal Plants*
- *Review of Medical and Veterinary Entomology*
- *Review of Medical and Veterinary Mycology*
- *Review of Plant Pathology*
- *Rice Abstracts*
- *Rural Development Abstracts*
- *Seed Abstracts*
- *Soils and Fertilizers*
- *Soybean Abstracts*
- *Sugar Industry Abstracts*
- *Tropical Diseases Bulletin*
- *Veterinary Bulletin*
- *Weed Abstracts*
- *Wheat, Barley and Triticale Abstracts*
- *World Agricultural Economics and Rural Sociology Abstracts*

• Abstract Journals

CABI의 초록지(Abstract Journals)는 전문가 집단이 선정한 세계적인 응용생명과학 연구의 요약본을 모았다. 특정 분야 의 전문 연구자에게 알맞으며 인쇄본이나 온라인 문서를 선 택해서 구매할 수 있다. 'CAB Abstracts'와 'Global Health' 데이터베이스에서 선정한 46건의 초록지가 있다. 관심 분야에 따라 각각의 간행물을 클릭하면 검색이 가능한 데이터베이스가 제공된다. 단, 이용료를 내야 이용할 수 있다.

- Internet Resources

CABI의 자료들과 관련된 주제를 다룬 인터넷 포털을 링크해 놓았다. 관련 기관, 도서관이나 개인 연구자에게 70년대 초부터 집적한 최신 정보를 제공한다. 유료 가입이 필요하며 대부분 원문을 보유하고 있다. 자세한 항목은 아래와 같다.

- *AgBiotechNet*

    농업·생물공학과 생물학적 안전성에 관한 새로운 정책이나 시장개척, 기술이전 등에 유용한 최신 정보를 이용할 수 있으며, 2,000여 종의 학술지 정보원을 보유하고 있다.

- *Animal Science*

    130개국의 2,000여 종의 학술지 정보원으로부터 동물학 및 수의학 관련 최신 정보가 제공된다.

- *CAB Reviews*

    농업, 수의학, 영양학 및 천연자원 연구의 주요 업적을 훑어볼 수 있다.

- *Forest Science*

    60여 년간의 산림학과 농림업 연구결과를 살펴볼 수 있으며, 730,000여 건 이상의 정보원이 있다.

- *Leisure Tourism*

    여가, 관광, 오락, 운동, 문화 사업과 관련된 정보원을 제공한다.

- *Nutrition and Food Sciences*

    사람의 영양, 식품공학 등의 분야를 다룬다.

- *Organic Research*

  유기농 재배와 지속가능한 농업, 토양의 비옥성에 관한 국제적 연구 정보원 데이터베이스이다. 125개국의 1,000여 종의 학술지 자료를 포함한다.

- *VetMed Resource*

  수의학자에게 도움이 될 실증 중심 연구를 포괄적으로 소개한다.

• Compendia

멀티미디어를 포함한 다양한 유형의 방대한 정보원을 백과사전 형태로 한곳에 엮은 데이터베이스이다. 주제별로 아래와 같이 나뉘어 있으며 각각의 'Compendia'는 주요 데이터자료, 배경정보, 병리학적 진단 및 치료, 종 선택, 경제통계 분석 등 항목으로 구성되어 있다. 무료 체험이 가능하며 정식으로 이용하려면 유료 회원에 가입해야 한다. *Aquaculture Compendium, Animal Health and Production Compendium, Crop Protection Compendium, Forestry Compendium* 등이 있다.

• Full Text Products & Bookshop

CAB Reviews와 기타 주제별 분포도 자료 외에 120여 종의 학술지와 150여 개 회의보고서 자료를 계속 갱신해서 전문을 제공한다. 또한 개별 항목을 구입해서 이용하거나 패키지 구매할 수 있다. 그 외에 전문백과사전, 사전, 논문, 교재 등 단행본은 'Bookshop'에서 구매 가능하다. 신간과 교재, e-book 등으로 크게 구분했고, 주제별로도 열람할 수 있다. 이용자를 도서관 사서, 혹은 연구자로 구분해서 필요한 정보를 제공한다.

CAN

Climate Action Network International

국제기후행동네트워크

① 기구

1) 소재지

주　　소 Climate Action Network － International Secretariat, Charles－de－Gaulle Strasse, 5, 53113, Bonn, GER-MANY

전　　화 ＋1－202－609－9846

팩　　스 ＋1－202－536－5503

전자우편 info@climatenetwork.org

홈페이지 http://www.climatenetwork.org

2) 설립연혁

1979년 첫 세계기후회담(World Climate Conference) 이후 인간에 의한 기후변화에 대한 인식이 높아지면서 1989년 3월 CAN이 발족했다.

3) 설립목적

CAN은 인간에 의한 기후변화를 환경생태계적으로 지속가능한 수준으로 제한하려는 정부, 개인의 노력을 장려하기 위해 설립된 연대 네트워크이다.

4) 주요사업

• 환경적으로 지속가능한 수준으로 인위적 기후변화를 축소하기 위한 정부 및 개인차원의 조치 촉구
• 세계적·지역적·국가적 기후정책에 대한 정보교환 장려
• 지구온난화의 위협을 방지하기 위한 공동조치를 취함과 아울러 NGO의 효과적 참여를 증진

5) 조직

13개의 지역사무소(아래 참고)가 있으며 이를 통해 WWF, 그린피스 등 국제적인 규모의 NGO부터 개발도상국의 소규모 그룹까지 약 240여 개의 NGO들이 CAN 내에서 함께 협력하고 있다. CAN International 홈페이지에 각 지역사무소의 홈페이지가 링크되어 있다.
   - CAN CEE(Central and Eastern Europe)
     http://www.climnetcee.org/
   - CAN Europe(Western Europe)
     http://www.climnet.org/
   - RAC - France(Western Europe)

http://www.rac - f.org/
- CAN LA(Latin America)
  http://biblioteca.unmsm.edu.pe/canla/
- US CAN(United States)
  http://usclimatenetwork.org/
- CAN Canada(Canada)
  http://www.climateactionnetwork.ca/index.html
- CANA(Australia)
  http://cana.net.au/
- CAN SA(South Asia)
  http://www.can - sa.net/
- CAN SEA(South East Asia)
- CAN(East Africa)
- RAC Maghreb(North Africa)
- SARCAN(South Africa)
  http://www.earthlife.org.za/
- ENDA(West Africa)
  http://www.enda.sn/

② 정보원

1) 정보배포정책

CAN의 정보원은 'Publications' 란에서 볼 수 있으며, 단행본

보다는 CAN의 자체 보고서, 뉴스레터, 그리고 회원기관의 보
고서 등으로 이루어져 있다. 대부분 무료로 원문이 제공되며,
자세한 내용 소개는 아래와 같다.

2) 정보 자료

① CAN Position Papers
   각종 기후변화 현안에 대한 CAN의 입장 보고서나 국제회
   의 발표문, 각국 정부에 보내는 제언 등의 원문을 이용할
   수 있다.
② Global and Regional CAN Newsletters
   • *ECO*

   CAN의 뉴스레터 *ECO*는 UN의 기후조약협상단의 생생한
   경과 보고서를 담고 있다. 온라인으로 원문이 무료로 제공
   되며 무료 전자우편 구독도 가능하다.

   • *Hotline*

   *Hotline*은 CAN 미국 사무소가 1년에 4회 발행하는 뉴스
   레터로 다음 페이지에서 이용할 수 있다.

   http://www.climatenetwork.org/USCAN/hotlinehome.htm

   • *Hot Spot*

   CAN 유럽 사무소가 발행하는 *Hot Spot*은 유럽의 기후와
   에너지 정책에 관하여 다루고 있으며, 정책 제안과 기술
   논문까지 다양한 영역을 포괄하고 있다. 역시 원문이 제공
   되며 전자우편 혹은 인쇄본 구독을 신청할 수 있다.

③ Submissions from CAN Member Organizations

CAN의 회원기관들이 제출한 보고서 목록이다. 클릭하면 원
문이 제공된다.

CBD

The Convention on Biological Diversity

생물다양성협약

1 기구

1) 소재지

주   소 Secretariat of the Convention on Biological Diversity, 413, Saint Jacques Street, suite 800, Montreal QC H2Y 1N9, Canada

전   화 +1 514 288 2220

팩   스 +1 514 288 6588

전자우편 secretariat@cbd.int

홈페이지 http://www.cbd.int

2) 설립연혁

생물다양성협약(CBD)은 지구상의 생물자원을 보존하기 위하여 각국의 생물자원 이용을 규제·관리하자는 내용의 국제협약으로 1992년 브라질 리오데자네이루 지구정상회담에서 체결되었고 그 다음 해부터 발효됐다. 현재 178개국이 회원으로 가입했으며 사무국은 캐나다 몬트리올에 있다. 우리나라는 1994년도에 CBD에 가입했다.

3) 설립목적

CBD는 생물학적 다양성의 모든 측면을 다룬다. 즉, 생물학적 다양성의 보존과 지속가능한 이용, 천연자원을 활용함으로써 얻는 혜택의 공정하고 합리적인 분배를 목표로 한다. CBD의 원칙은 각국이 자국 영토 내에서 열대우림과 동식물 등이 풍부한 생물종다양성을 인류의 귀중한 자원으로 인식하는 동시에, 과거 선진국들이 무제한 사용한 유전자원들에 대한 배타적 독점권을 거부하고 열대림 등의 보존으로 입은 경제적 불이익을 보상할 것을 원칙으로 내세웠다.

4) 주요사업

CBD 사무국은 회원국의 다양한 사업 프로그램 실행을 지원하고 보고서와 회의를 준비한다. 그리고 다른 국제기구와 협력관계를 구축하고 정보 수집과 배포를 담당한다. 주제별 사업 프로그램은 아래와 같으며, 이와 관련된 주요 사안들도 'Cross

Cutting Issues'로 분류해서 별도로 다루고 있다.

- Agricultural Biodiversity
- Dry and Sub Humid Lands Biodiversity
- Forest Biodiversity
- Inland Waters Biodiversity
- Island Biodiversity
- Marine and Coastal Biodiversity
- Mountain Biodiversity

5) 조직

사무국은 사무총장 아래에 경제·사회·법적 사안 담당, 과학 및 기술 담당, 생물학적 안전성 담당, 대외 인식 제고 담당, 자원 관리 및 회의 담당 등의 하부 조직이 있다.

② 정보원

1) 정보배포정책

CBD의 정보원은 'Information' 란에 대외홍보(Outreach), 일반 정보(General Information), 국가정보(National Information), 주제별 데이터베이스(Thematic Database) 등 크게 4개 항목으로 나뉘어 제공되고 있다. 회의 결정 사안이나 보고서, 사례 연구 등 CBD 기관의 정보원 중심이며, 대다수의 자료가 무료로 전문(full - text)이 제공된다.

2) 정보 자료

- 대외홍보(Outreach)

  CBD의 연설문, 관련 뉴스, 보도 자료, 사진영상 자료 등 홍보 자료를 제공하고 있다. 특히 생물다양성과 관련해서 현지 당국, 국회의원, 기업가, 청소년층의 관계와 역할을 정리한 자료도 있다.

- 일반정보(General Information)

  협약 내용과 의정서, 당사국회의(COP: The Conference of the Parties) 결정 내용, 사례 연구 등 주요 정보원을 정리해 놓았다. COP의 결정안이나 의정서 내용이 많이 이용된다. 그 외에 의견을 교환하는 온라인 포럼과 관련 홈페이지 목록도 제공된다. CBD Information Centre Catalogue를 통해 자료 상세 검색이 가능하다.

- 국가정보(National Information)

  우선 'Country Profile'에서는 당사국의 협조로 생물다양성협약 및 바이오안전성의정서와 관련된 세계 각국 정보를 제공하고 있다. 세계지도에서 원하는 나라를 클릭하면 관련 정보가 나온다. 그 외에 당사국과 각국 담당처 명단, 전략 및 보고서, 기여수준 등 정보원을 제공한다.

- 주제별 데이터베이스(Thematic Database)

  CBD 주제별 데이터베이스를 구축해서 자료 검색 기능을 제공한다. 예를 들어 CBD의 핵심 의제였던 유전자원 접근 및 이익공유(ABS) 조치 및 역량개발 프로젝트, 관련 전문가 명단 등

데이터베이스를 각각 이용할 수 있다. 그 외 기술이전, 인센티
브, 생태학적 접근법, 기후변화 적응 등 주제가 있다.

CCAMLR

Commission for the Conservation of Antarctic Marine
Living Resources

남극해양생물자원보존위원회

① 기구

1) 소재지

> 주　　소　PO Box 213 North Hobart 7002 Tasmania, Australia
> 전　　화　+61 3 6231 0366
> 전자우편　ccamlr@ccamlr.org
> 홈페이지　http://www.ccamlr.org

2) 설립연혁

남극조약(Antarctic Treaty)의 협의당사국(ATCP) 특별회의(1977
-1980) 협의 결과로 1980년 5월 '남극해양생물자원의 보존에
관한 협약'이 채택되었고 1982년 4월 동 협약이 채택되었으며,
1982년 5월 정부간 국제기구로 설립되었다.

3) 설립목적

'남극해양생물자원의 보존에 관한 협약'(Convention on the Conservation of Antarctic Marine Living Resources)의 시행기관으로 남극해양생물자원의 보존 및 합리적 이용을 위한 국제협력, 자원에 대한 과학적 조사 및 국제감시제도의 운영을 그 목적으로 한다.

4) 회원국

위원회 공식 회원은 다음과 같다.

아르헨티나, 호주, 벨기에, 브라질, 칠레, 유럽연합, 프랑스, 독일, 인도, 이탈리아, 일본, 한국, 뉴질랜드, 노르웨이, 폴란드, 러시아, 남아프리카, 스페인, 스웨덴, 우크라이나, 영국, 미합중국, 우루과이.

조약은 가입했으나 위원회 회원이 아닌 국가는 다음과 같다.

불가리아, 캐나다, 핀란드, 그리스, 모리셔스, 네덜란드, 페루, 바누아투.

5) 한국과의 관계

한국은 1985년 4월 '남극해양생물자원보존에 관한 협약'에 가입하고, 같은 해 11월 위원회의 17번째 회원국으로 가입하였다. 1986년 11월에는 33번째로 남극조약에 가입하였다.

② 정보원

1) 정보배포정책

대부분의 간행물은 무료로 홈페이지에서 볼 수 있으며, 그렇지 않을 경우는 최소 요약문을 제공하고 있다. 하드카피의 경우에는 주문을 해야 한다.

2) 정보 자료

(1) 정기보고서

사무국에서 발행하는 정기보고서는 4가지 언어, 즉 영어, 불어, 러시아어, 스페인어로 이용 가능하다.

- *Report of the Annual Meeting of the Commission(1982 - 2004)*
- *Report of the Annual Meetings of the Scientific Committee(1992 - 2004)*
- *Statistic Bulletin*
  10년 동안의 CCAMLR 정보센터에 보고된 수산업 자료를 정리해서 제공한다.
- *Schedule of Conservation Measures in Force*
  매년보고(1997 - 2004)
- *Scientific Abstracts*
  매년의 각종 자연과학 논문을 짧게 요약하여 제공한다 (1992 - 2004).

(2) 정기간행물

- **CCAMLR Science**
  매년 영문으로 발행되는 저널로 남극해양자원의 보존과 합리적인 사용을 다룬다. 주제로는 해양생물의 생태 환경, 집단 활동, 생태학적 상호작용, 그리고 수산업 경제와 경영이 있다. 이 저널은 본 기구의 과학위원회가 처음 1994년 발행하였으며 각 *CCAMLR Science*(Volume 1 - Volume 11)의 목차는 홈페이지에서 볼 수 있다.

(3) 그 외 간행물

- **Fish the Sea Not the Sky**
  주낙으로 낚시를 할 때 바닷새를 함께 잡지 않는 방법을 소개한다.
- **Understanding CCAMLR's Approach to Management**
- **CCAMLR's Management of Antarctic**

(4) 안내서

- **The Inspectors Manuals**
  조사자의 임무수행에 관련된 내용을 다룬다.
- **The Scientific Observers Manuals**
  관찰 프로그램과 데이터 입력 계획에 관련된 내용이다.
- **The CEMP Standard Methods Manual**
  생태계 모니터 프로그램에 관련된 내용이다.

(5) 문헌

- **Convention**
- **Rules of Procedure, Headquarters Agreement**
- **Staff and Financial Regulations**

(6) 주문

각 간행물에 대한 주문서를 홈페이지에서 다운로드할 수 있다. 주문서에는 각 간행물의 가격이 명시되어 있다.

CITES

Convention on International Trade in Endangered Species
멸종위기에처한야생동식물의국제무역에관한협약

1 기구

1) 소재지

주　소　CITES Secretariat International Environment House Chemin des Anémones CH－1219 Châtelaine, Geneva Switzerland

전   화 +41 - (0)22 - 917 - 81 - 39/40
팩   스 +41 - (0)22 - 797 - 34 - 17
전자우편 info@cites.org
홈페이지 http://www.cites.org/

2) 설립연혁

CITES는 불법거래나 과도한 국제거래로부터 멸종위기에 처한
야생동식물을 보호하고, 야생동식물 수출입 국가들이 상호 협
력하여 국제거래를 규제함으로써 서식지로부터의 무질서한 채
취 및 포획을 억제하기 위하여 1973년 미국 워싱턴에서 81개
국이 참가하여 채택되고, 1975년 7월 1일 발효된 역사 깊은 환
경협약 중의 하나이다.

3) 설립목적

CITES는 당사국과 관련 기관과의 협력을 통해 야생동식물의
국제 유통이 그들의 생존을 위협하지 않도록 보장한다.

4) 조직

현재 당사국 규모는 172개국에 이른다. 실무를 담당하는
CITES 사무국과 의사결정기관인 당사국총회가 있으며 동물위
원회, 식물위원회, 동식물 학명 위원회 등 상설위원회가 있다.
UNEP의 지원을 받는다.

5) 주요사업

CITES 협약은 멸종위기 정도에 따라 규제 대상 동식물을 부속서 Ⅰ, Ⅱ, Ⅲ으로 구분하여 수출입 시 관리당국의 수출입 허가를 받도록 규정하고 있다. 원칙적으로 상업목적의 거래가 금지되는 부속서 Ⅰ에는 코끼리, 코뿔소, 호랑이, 나일악어, 곰 등이 등재되어 있고, 상업목적의 수출이 가능하나 관리당국의 승인이 필요한 부속서 Ⅱ에는 천산갑, 미국산삼, 아메리카 곰 등 동식물이, 자국의 특정 종을 보호하기 위하여 지정된 부속서 Ⅲ에는 인도의 북발살모사 등 약 5,000여 종의 동물과 25,000여 종의 식물이 등재되어 있다. 야생 동식물종은 국제적으로 보호하고 보존하여야 할 대상이기도 하지만 각국의 문화 및 형편에 따라 의약품, 식품, 공예품 등의 원료로 인간이 이용하여야 하는 대상이기도 하기 때문에, 이들 종의 보전과 지속적인 이용에 대한 논쟁이 있었으나 전반적으로 그린피스, WWF, IUCN 등 세계민간단체의 입장이 크게 반영되어 '이용'보다는 '보전'을 우선하여 채택하게 되었다.

현재 아래와 같은 '멸종위기 종' 전담 프로그램을 운영하고 있으며 종 보존에 힘을 쏟고 있다.

- 코끼리
- 매
- 대형 유인원
- 대모(玳瑁: 바다거북의 일종)
- 마호가니 나무
- 철갑상어

6) 한국과의 관계

우리나라는 1993년 7월 9일 122번째로 협약에 가입하였다. 특히 러시아 블라디보스토크 지역에 서식하는 산삼(Panax ginseng)을 보호하기 위하여 부속서 Ⅱ에 등재하자는 러시아의 제안은 우리 나라의 적극적인 협상을 통하여 우리나라 재배 인삼의 수출에 전혀 지장을 받지 않도록 하였다. 아울러, IUCN, TRAFFIC 및 우리나라가 공동 개최한 1999년 10월 '제3차 곰 부위 교역에 관한 국제심포지엄'을 통해 CITES를 적극적으로 이행하는 국가로 평가받았다.

② 정보원

1) 정보배포정책

CITES의 역사와 개괄적인 정보는 'Discover CITES'에 나와 있다. 기관 문서와 출판물은 'Official Documents'란과 'Resources' 란에 각각 정리되어 있다. 멸종위기 종에 관한 다양한 단행본들을 출판했는데 이 중에는 유료 도서도 상당수 있다. 온라인 주문이 가능하다.

2) 정보 자료

(1) Official Documents

CITES의 공식 문서와 결정 사항, 위원회 보고서 등을 볼 수 있다.

- **Convention text**

  협약 전문이 정리되어 있다

- **Appendices**

  멸종위기 정도에 따라 규제 대상 동식물을 Ⅰ, Ⅱ, Ⅲ으로 구분한 부록을 볼 수 있다. PDF 형식으로 다운로드도 가능하다.

- **Reservations**

  당사국이 특정 종에 대해 협약 조항의 규제 대상에서 제외하겠다는 유보권을 말한다. 종별로 유보권을 행사한 나라와 날짜 등의 정보를 볼 수 있다.

- **Resolutions**

  결의안은 당사국총회에서 결정된 권장 사항 중 보다 장기적이고 근본적인 성격을 가진다. 총회별로 결의안 목록과 세부 내용을 제공한다.

- **Decisions**

  결정 사항은 결의안에 비해 범주가 좁다. 특정 위원회나 사무국의 활동에 관한 결정 사항이 많다. 역시 온라인상으로 결정 사항 목록과 세부 내용이 제공된다.

- **Notifications to the Parties**

  사무국이 당사국에 통보하는 회의 일정과 상설 위원회의

권장 사항, 당사국 결의안 등의 세부 사항, 부록 수정 사항 등이 여기에 속한다. 연도별로 정리해 놓았다.
- 그 외에 당사국총회의 회의록은 *Conference of the Parties,* 각 위원회의 회의록은 *Standing Committee, Animals Committee, Plants Committee*에서 각각 찾아볼 수 있다.

(2) Resources

- Databases

우선 'Species Database'는 동식물종과 서식하는 나라별로 검색이 가능하다. UNEP‐WCMC가 관리하는 'Trade Database'는 7백만 건의 야생동식물종의 거래 기록을 보유하고 있다. 이 데이터베이스를 이용하려면 이름과 소속 기관 등 정보를 기입해서 이용 신청을 해야 한다.

- Export quotas

CITES에 등록된 멸종위기 종의 수출입 한계선에 대한 정보를 제공한다. 당사국은 매년 CITES의 지원을 받아 다음해 멸종위기 종의 수출입 한계선을 정한다. 현재 홈페이지에서 2008년의 수출 한계선을 제공하고 있다.

- National reports

당사국들의 보고서를 볼 수 있다.

- Publications

CITES 안내책자부터 멸종위기 종 인식법, 전략계획 등 CITES 관련 단행본부터 멸종위기 종에 대한 상세한 연구도서까지 다양하다. 연구도서 같은 경우 유료 주문을 해야 하는 경우가 많다. 주요 출판물은 아래와 같다.

- *CITES Handbook*
- *Checklist of CITES Species*
- *The Evolution of CITES*
- *Identification Manual*
- *Strategic Vision through 2005*
- *The Birds of CITES and How to Identify Them*
- *The CITES Nile Crocodile Project*
- *The Green Turtle and Hawksbill(Reptilia: Cheloniidae): World Wtatus, Exploitation and Trade*
- *Asian Monitor Lizards*
- 그 외에 용어집, 참고도서 목록 등의 정보원도 제공한다.

FoEl

Friends of the Earth International

지구의벗국제본부

① 기구

1) 소재지

주   소 Friends of the Earth International Secretariat, PO box
         19199,1000 GD Amsterdam, the Netherlands
전   화 31 20 622 1369
팩   스 31 20 639 2181
전자우편 info@wbcsd.org
홈페이지 http://www.foei.org

2) 설립연혁

1971년 프랑스, 스웨덴, 영국, 미국의 네 환경 단체가 결의하여
설립하였다. 세계에서 가장 규모가 큰 환경운동단체이다.

3) 설립목적

FoEI는 현재의 경제와 기업 세계화 모델의 문제점을 공론화하
고 환경적으로 지속가능하고 사회적으로 정당한 사회를 구현하
기 위한 대안을 모색하기 위해 설립되었다.

4) 주요사업

환경과 자연자원의 보존, 회복, 올바른 이용이라는 대전제 아
래, 세계 각국의 54개 지부에서 독립적으로 당면한 지역의 환
경문제를 해결하기 위해 노력하며, 국제적인 사안에 대해서는
연합하여 활동하고 있다. 원자력이나 포경업 등 세계현안들을
다룬다.

5) 조직

71개 국가단체와 5,000여 개의 환경운동단체가 참여하고 있다.
전 세계에 일백오십만 명의 개인회원과 후원자가 있다.

② 정보원

1) 정보배포정책

FoEI의 온라인 정보원은 'Publications' 란에서 찾을 수 있다.
환경운동을 주로 하는 단체이기 때문에 정보원 규모는 아직 작
은 편이나 원문 등 정보원 이용은 편리하다.

2) 정보 자료

① Publications
'New Publications' 란에서 신간 출판물을 확인할 수 있다.
대부분 PDF 형식의 원문을 제공한다. 농업 등 주제 분야별
검색이 가능하다.

• *Link Magazines*
FoEI의 정기간행물로 환경, 자유무역, 빈곤 등 다양한 이
슈들을 심도 깊게 조망한다. 격월로 발행되고 있으나 이전
호는 일부만 홈페이지상에 게재된다. 최근 호는 PDF 형식
과 웹페이지 형식으로 원문 이용이 가능하다.

• **Bank Notes**

세계은행(WB: World Bank)이나 아시아개발은행(ADB: Asian Development Bank) 같은 국제금융기관이 빈곤 퇴치 등 지속가능한 사회 실현을 위해 어떤 캠페인을 전개하는지 최신 소식을 전하는 격월간 정기간행물이다. 2005년부터 발행되고 있으며 원문이 제공된다.

② Media Center

생물다양성, 산림, 기업, 기후변화 등 FoEI의 관심주제별, 혹은 연도별로 보도 자료를 검색할 수 있다. 언론에 보도된 FoEI 자료도 제공한다.

GEF

Global Environment Facility

지구환경금융

① 기구

1) 소재지

주   소 GEF Secretariat, 1818 H Street, NW, Washington, DC

20433, USA

전   화 (202) 473 - 0508

팩   스 (202) 522 - 3240/3245

전자우편 gef@gefweb.org

홈페이지 http://www.gefweb.org

2) 설립연혁

- 1989년 9월 World Bank 개발위원회에서 프랑스 정부가 설립 제의, 독일 정부 동의
- 1990년 10월 UNDP, UNEP, World Bank에 의해 설립

3) 설립목적

GEF는 개발도상국에 지구환경보호와 지역 커뮤니티의 지속적인 발전을 도모하는 프로젝트를 위한 금융지원을 제공하는 독립적인 금융기관이다.

4) 조 직

GEF의 집행 기구는 World Bank, UNDP, UNEP이 담당하며, World Bank에 사무국이 있다. GEF의 운영은 GEF 이사회(GEF Council)를 통해 이루어지는데, 회원국을 대표하는 32명의 회원으로 구성되며 주요사업은 이사회의 동의를 얻어야 한다. 한편, 전체 회원국이 참여하는 GEF 총회(GEF Assembly)는 4년에 한 번 열리며 GEF의 정책과 운영을 평가한다. 그 외

에 실무를 담당하는 사무국(Secretariat)과 이행 기관(Impleme-
nting Agency), 사업집행기구과학기술자문협의회(STAP), 감독평
가단(Monitoring and Evaluation Unit) 등이 있다.

5) 주요사업

지구환경 보호 효과가 있는 개도국의 환경 분야 투자 및 기술
지원 사업에 대해 무상 또는 양여성의 자금지원을 한다. 지원
대상 분야는 다음의 6개 분야이다.
- 지구온난화방지
- 생물다양성보존
- 국제수역보호
- 토지 황폐화
- 오존층 보호
- 잔류성 유기오염물질(POPs)

GEF는 기후변화 협약, 생물다양성협약 이행의 재정기구(fina-
ncial mechanism)로 지정되었으며, 위의 지원 대상 분야와 관련
된 지구환경협약과 'Agenda 21' 이행에 필요한 재정기구 역할도
수행한다.

6) 한국과의 관계

- 1994년 5월 11일 GEF 가입
- 출연금: 4백만 SDR(560만 불 상당)

② 정보원

1) 정보배포정책

GEF의 정보원은 프로젝트 단위로 분류된다. 'Pipeline'이나 데 이터베이스를 통해 프로젝트를 상세히 검색할 수 있으며, 관련 자료도 원문으로 이용할 수 있다. 'Documents'나 'Publications' 란을 통해 GEF 기관 문서나 사업 보고서, 운영 지침과 제안서, 연속간행물 등 더욱 자세한 정보원을 대부분 무료로 이용할 수 있다.

2) 정보 자료

① Project Database

GEF의 프로젝트 관련 자료를 구축한 데이터베이스로서, 1 년에 4회 정기적으로 갱신된다. 프로젝트를 수행한 국가, 이행 기간, 주제 분야, 이행 기구, 지원금 규모 등 검색어를 통해 상세 검색할 수 있다. 더 자세한 정보를 원한다면 데 이터베이스 검색란 하단에 링크되어 있는 'GEF Pipeline' 란에서 프로젝트 목록을 이용하거나 'Operation Reports on GEF Projects' 란에서 PDF 형식의 GEF 프로젝트에 관한 최신 운영보고서를 볼 수 있다. 인쇄본은 전자우편으로 주 문할 수 있다.

이 외에 다른 온라인 데이터베이스도 링크해 놓았다. UN- DP SGP Tracking System은 소규모지원프로그램(Small Grants Programme)에 의해 실행된 프로젝트 목록을 제공하며, World Bank GEF Database는 World Bank가 수행하는 GEF 프로젝트에 관한 데이터베이스이다. UNEP POPs Tracking System은 잔류성 유기오염물질(POPs)과 관련된 UN-EP의 사업 활동에 관한 쌍방향 응용프로그램이다.

② Project Pipeline

'Pipeline'은 GEF 사무국의 검토를 통과하고 현재 준비 중인 모든 프로젝트를 모아 놓은 곳이다. GEF 홈페이지에서 'Pipeline' 란에 접근하는 방법은 여러 가지다. 'Projects' 란이나, 'Project Database' 란 등에 링크되어 있으며, 프로젝트별 간단한 정보와 관련 문서 링크까지 제공한다. 단, 준비기간이 길지 않고 적격성 심사가 필요하지 않은 중소규모 프로젝트(Medium-sized projects)나 능력향상사업(Enabling Activities)은 'Pipeline' 란에 포함되지 않는다.

③ Documents

다음의 일곱 가지 카테고리로 나뉜다.

• Instrument

GEF의 설립문서이다. GEF 총회에 의한 수정안까지 포함된 PDF 형식의 전문(full-text)이 제공된다.

• Enabling Activity Projects

주제 분야별로 운영지침 문서가 제공되고 있다.

• Capacity Building

일반 전략보고서 *Strategic Approach to Enhance Capacity Building*을 비롯하여 역량 강화 증대에 관한 보고서와 각 국의 역량 강화 필요성에 대한 자기 평가서를 제공한다.

- Medium – Sized Project Proposals
  중소규모 프로젝트의 운영지침과 제안서 목록이다.

- Project Proposals for Endorsement
  최종 승인을 받기 전 GEF 이사회에 제출된 제안서 목록이다.

- Council Documents
  GEF 이사회 회의 문서 목록이다.

- Work Programs
  Council Work Programs는 'Council Documents' 란에 소개되어 있고, Intersessional Work Programs이 연도별로 정리되어 있다. 분기별로 (1) 사업 프로그램 소개와 그와 관련된 정보, (2) 이사회의 의견과 이행기구의 답변, (3) 이사회 회원들이 제출한 기술적인 의견 종합 등의 정보원을 볼 수 있다.

④ Publications
'Outreach' 란에 있는 'Publications'는 GEF의 출판물을 다음의 범주로 분류하여 소개한다. 2004년 이전의 출판물은 별도의 목록 페이지를 링크해 놓았다. 각각의 출판물을 선택하면 원문이 제공된다.

- General Interest
  GEF 연보나 개괄적인 활동 소개와 전망이 주를 이루고 있다.

- Thematic Publications and Fact Sheets

  주제 분야별 출판물이다.

- Working Papers

  세부 주제를 다루는 연구보고서 목록이다.

- Strategy and Operations

  설립 문서와 총회 및 이사회의 규정집, 연간 GEF 프로그
  램 운영 보고서 등이 포함된다.

- Talking Points

  GEF가 1년에 4회 발행하는 뉴스레터로 이전 호를 포함해
  서 온라인 이용이 가능하다.

- GEF in Action

  GEF 프로젝트가 개발도상국 및 전환기 경제 국민들의 삶
  의 질에 미치는 효과를 조명하는 연속간행물이다.

- Key GEF Terms

  GEF가 주로 사용하는 어휘를 모아 놓은 용어 사전이다.

GREENPEACE

Greenpeace International

Intergovernmental Forum on Chemical Safety

그린피스

1 기구

1) 소재지

주　　소　Greenpeace International, Ottho Heldringstraat 5,1066
　　　　　AZ Amsterdam, The Netherlands
전　　화　+31 20 7182000
팩　　스　+31 20 5148151
전자우편　supporter.services@int.greenpeace.org
홈페이지　http://www.greenpeace.org

2) 설립연혁

핵실험 반대 및 자연보호운동을 목적으로 1970년 캐나다에서
결성된 비영리 비정부간 국제단체이다.

3) 설립목적

그린피스는 1971년 몇몇 사람들이 미국의 핵실험 반대를 표명
하기 위해 캐나다 밴쿠버에서 낚싯배를 타고 출항하면서부터
시작되었으나 점차 생물다양성을 보호하고 지구환경자원의 오
염과 낭비를 막기 위해 핵에너지 사용 금지는 물론 전 세계에
군축과 평화를 촉구하는 등 꾸준히 활동 영역을 넓혀왔다.

4) 조직

160여 개국에 300백만 명 상당의 회원을 보유하고 있으며, 40
여 개국에 걸쳐 27개의 국가 및 지역사무소를 운영하고 있다.

이 국가 및 지역사무소 위원이 7명의 이사회 임원을 선출하여 'Stitching Greenpeace Council'을 구성하고 여기서 그린피스 사무총장을 임명한다. 암스테르담에 있는 그린피스 본부는 국제 캠페인을 이끌며 지역사무소를 감독하고 조율한다.

5) 주요사업

- 기후변화 중지(Stop climate change)
- 고대 숲의 보호(Protect ancient forests)
- 해양 보호(Save the oceans)
- 고래잡이의 중지(Stop whaling)
- 유전공학의 반대(Say no to genetic engineering)
- 핵 위험 제거(Stop the nuclear threat)
- 유독 화학물 제거(Eliminate toxic chemicals)
- 지속가능한 통상 도모(Encourage sustainable trade)

② 정보원

1) 정보배포정책

그린피스의 정보원 제공은 학술·연구적 교류보다는 대중의 인식제고에 우선순위를 두고 있다. 따라서 전문적인 학술 정보원은 없는 대신에 환경 현안에 대한 다양하고 구체적인 보고서 및 보도 자료를 게재하여 홈페이지 이용자의 관심을 유도하고

있다. 주요사업별 페이지에서도 관련 보도 자료와 보고서 목록
을 이용할 수 있다.

2) 정보 자료

① Reports & Documents
그린피스의 현안에 대한 보고서 목록을 간략한 소개와 함께
제공하고 있다. PDF 형식의 전문을 다운로드할 수 있고,
제일 하단에는 이슈별로 보고서를 검색할 수 있는 스크롤바
메뉴가 있다.

② Press Releases
그린피스가 배포하는 보도 자료의 전문을 볼 수 있다. 역시
제일 하단에 있는 스크롤바 메뉴를 이용하여 이슈별로 보고
서를 검색할 수 있다.

③ Annual Reports
'About Greenpeace' 메뉴의 하위메뉴에 'Annual Reports'가
있다. 조사 현재 1994년부터 2004년까지의 연보가 제공되
고 있다.

④ Photos, Audio & Video
그린피스 활동 현장에서 촬영한 사진, 오디오, 비디오 자료
들을 제공하고 있다

IFCS

Intergovernmental Forum on Chemical Safety

정부간화학안전협의체

① 기구

1) 소재지

주　　소　　IFCS Secretariat (L 231), c/o World Health Or-
ganizati on, 20 Avenue Appia, CH－1211 Geneva 27,
Switzerland

전　　화　　(41 22) 791 3873

팩　　스　　(41 22) 791 4875

전자우편　　ifcs@who.chg

홈페이지　　http://www.who.int/ifcs

2) 설립연혁

1992년 리우환경회의에서 채택된 'Agenda 21'의 제19장(유해
화학물질의 건전한 관리) 권고에 따라 UN 총회가 IFCS 설립
에 동의하고, 1994년 4월 스톡홀름에서 UNEP, ILO 및 WHO
가 공동으로 제1차 정부간회의를 개최하면서 공식적으로 발효

되었다.

3) 설립목적

IFCS는 화학안전에 대한 다분야 포럼으로서 세계 각국과 기관들의 의견교환 및 합의 도출의 장으로서의 역할을 수행하기 위하여 설립되었다.

4) 조직

IFCS는 의장, 부의장을 중심으로 포럼 총회, 포럼 상임위원회, 지역단체, 특별단체, 국가별 담당처, 사무국 등으로 구성되어 있다. 포럼 총회는 투표권이 있는 각국 정부와 투표권이 없는 정부간기구 및 비정부기구가 참여한다.

5) 주요사업

- 화학 안전에 관한 협력증진과 화학물질의 안전관리를 위한 이행분야 파악 및 위험성 평가에 관한 일치된 국제전략 권고
- 화학물질의 안전관리와 관련된 각종 기구들 간의 협력증진 및 중복업무 방지
- 화학물질 관리를 위한 국가적 조정체계, 능력 및 시설의 강화 촉진
- 화학물질의 분류표시에 관한 국제적 협력의 촉진
- 화학물질 관련 정보 교환, 과학 및 기술협력 지원

6) 한국과의 관계

한국은 1997년 2월 제2차 정부간 협의체회의에서 부의장국으로 선출되었다.

② 정보원

1) 정보배포정책

IFCS의 정보원은 'Publications' 란에 정리되어 있다. 또한 IFCS 조직 구성에 따라 구성된 홈페이지 메뉴마다 관련 정보원이 소개되어 있어 각 부서별 정보원 이용이 가능하다. 'Publications' 란에 게재되어 있지 않고 부서별 관련 문서 항목에서만 볼 수 있는 정보원도 있으므로, 관심 있는 부서를 클릭하여 해당 정보원을 모두 확인하는 것이 용이할 수 있다. 대부분의 정보원이 무료로 원문 접근이 가능하다.

2) 정보 자료

① More about IFCS

IFCS 기구 소개 페이지로, 다양한 정보원 링크가 제공된다. 조직, 역사, 권한, 개괄, 그리고 규정집에 이르기까지 IFCS에 대한 기본적인 정보원들을 다운로드할 수 있다.

② National Focal Points

IFCS의 국가별 담당처에 관한 정보가 알파벳순 국가명으로 제공되며, National Focal Points 연보와 관련 지침, 화학관리부처 담당자 디렉터리 등 관련 정보원을 이용할 수 있다.

③ Forum Standing Committee

FSC의 권한에 관한 문서 및 FSC 회의록과 보고서를 담은 'Agendas and Reports' 란이 링크되어 있다. 'Agendas and Reports'는 'Publications' 란에서도 이용 가능하다.

④ Forum Sessions

2~3년에 한 번 열리는 IFCS 총회와 관련된 정보원을 제공한다. 이전 자료는 회의별로 정보원을 이용할 수 있으며 다음 회의 일정도 공고한다. 정보원의 종류는 비디오 자료, 프레젠테이션, 보고서, 회의록, 보도 자료 등 다양하다. 이 외에 IFCS 권한(*Terms of Reference*) 및 본회의 업무이행 (*Conduct of Business in Plenary Sessions*)에 관한 문서도 제공하고 있다.

⑤ Publications

위에서 언급했던 정보원 외에 'Publications' 란에서 이용할 수 있는 자료는 다음과 같다.

• ***IFCS Guidelines and Procedures***

IFCS의 지침과 규정문으로 PDF 형식이다.

• ***Acronym List***

PDF 형식의 약어 사전으로 아랍어, 중국어, 영어, 스페인어, 프랑스어, 러시아어 등으로 제공된다.

- **Intersessional Group**

  1995, 1996, 1998년에 열렸던 Intersessonal Group의 회의 보고서이다.

- **Bahia Declaration**

  Agenda 21에서 제창되었던 화학안전에 대한 목표 달성을 재다짐하는 회원국들의 선언이다. PDF 형식으로 제공된다.

- **Priorities for Action Beyond 2000**

  IFCS의 권고안으로 화학약품에 대한 명칭 및 분류법 통일화, 화학 위험에 관한 국제적 평가 수행, 독성 및 위험 물질의 불법거래 방지 등을 내용으로 한다. 역시 PDF 형식이다.

이 외에도 최근 포럼 요약문(Executive Summary), IFCS 회원 출판물(IFCS Participants Documents), 각국 연간 조사를 바탕으로 한 발달 지표(Indicator of Progress: National Focal Point Annual Survey) 등의 자료가 있다.

 INTERGOVERNMENTAL PANEL ON CLIMATE CHANGE

IPCC

Intergovernmental Panel on Climate Change

기후변화에관한정부간패널

① 기구

1) 소재지

주　　소　C/O World Meteorological Organization 7bis Ave
　　　　nue de la Paix C.P. 2300 CH‐1211 Genev a2,
　　　　Switzerland

전　　화　+41‐22‐730‐8208/84

팩　　스　+41‐22‐730‐8025 / 13

전자우편　IPCC‐Sec@wmo.int

홈페이지　http://www.ipcc.ch/

2) 설립연혁

유엔환경계획(UNEP)과 세계기상기구(WMO)가 기후변화를 분석하기 위해 지난 1988년 11월 공동으로 설립한 정부간기구이다. 기후변화에 관한 지식수준을 측정하기 위한 평가에 주력했으며, 1988년 11월에 검토를 시작하여 1990년 8월에 최초의 보고서를 작성했다. 제1차 평가 보고서는 UN 기후변화기본협약의 협상에 필요한 기초자료로 제공되기도 하였다.

3) 설립목적

IPCC의 목적은 각국의 과학자 및 기술 · 경제 · 정책 결정자들이 모여 기후변화에 관한 유용한 과학정보를 평가하고, 기후변화로 인한 환경 측면 및 사회·경제적 측면의 영향을 평가하며, 이에 대한 대응전략을 수립하기 위한 것이다. 다시 말해, IPCC는 연구를 수행하거나 기후 관련 데이터나 변수를 감독하는 기구가 아니다. 다만, 인위적인 기후변화의 위험과 관련된 과학, 기술, 사회경제 분야의 최신 연구를 종합적이고 객관적으로 평가하는 역할을 한다.

4) 조직

정부간기구로서 WMO와 UNEP의 모든 회원국에 개방되어 있다. 현재 2천여 명의 과학자들이 연구에 참가하고 있다. 의장 및 사무국장, 1988년 11월 제네바에서 열린 제1차 회의에서 결정된 3개의 실무그룹을 두고 있다. 실무그룹은 ① 기상변동에 관한 과학적 지식과 견해의 평가 ② 기상변동에 따른 환경 및 사회·경제에의 영향평가 ③ 대응방침의 책정 분야이다. 또 국가별 온실가스 배출통계 TF 팀도 별도로 운영 중이다.

5) 주요사업

기후변화에 관련된 과학적·기술적 사실에 대한 평가를 제공하고 국제적인 대책을 마련하기 위한 유엔 산하 정부간 협의체로 비정기적으로 발표하는 보고서를 통해 인간이 만든 공해물질에 의해 발생하는 기후변화와 관련된 과학적·기술적·사회경제학적 정보를 제공한다.

② 정보원

1) 정보배포정책

IPCC의 대표적인 사업이 평가 보고서 발행이므로 각종 보고서
와 회의 문서의 열람이 편리하게 구성되어 있다. 대부분의 원
문이 무료로 온라인상에서 제공되며, 영어, 스페인어, 불어 등
UN 공식 언어를 다양하게 지원하는 정보원이 많다.

2) 정보 자료

(1) Meetings and Documentation

2001년부터 현재까지 IPCC 정기회의와 실무그룹 회의 문서,
IPCC와 IPCC 사무국의 승인 보고서를 찾아볼 수 있다. 발
표한 전문가 회의와 워크숍 회의 전 자료, 회의록 요약본,
발표 자료 등도 제공된다. 아래와 같은 분류로 나뉘어 있다.
각 항목을 클릭하면 회의 일시와 종류별로 자세하게 안내되
어 있으며 PDF 원문이 제공된다.

- IPCC Sessions & IPCC WGs Sessions(IPCC 회의 및
  실무그룹 회의)
- Sessions of the IPCC Bureau(IPCC 사무국 회의)
- Meetings of Task Groups TGICA(TGICA 그룹 회의)
- IPCC Workshops and Expert Meetings(IPCC 워크숍 및
  전문가 모임)
- Miscellaneous Correspondence(그 밖의 문서)

(2) IPCC Reports

IPCC의 주된 활동은 기후변화에 관한 지식수준을 측정하는 평가 보고서의 정기적인 발행이다. IPCC는 2007년 네 번째 평가 보고서를 발간했다. 그 밖에 Special Reports(특별 보고서), Methodology Reports(방법론 보고서), Technical Papers(기술 보고서) 등을 발행한다. 혹은 UNFCCC의 당사국 회의나 다른 환경 회의의 요청에 따라 참고 자료를 작성하기도 한다.

따라서 아래와 같이 보고서 정보원을 분류했다. 대부분의 정보원이 PDF 형식의 온라인 원문을 제공하거나 해당 원문이 있는 홈페이지로 링크를 걸어 놓았다. 마지막 항목(Translations in non-UN Languages)을 보면, UN 공식 언어가 아닌 언어들로 몇몇 정보원을 번역해 놓았다. 한국어로도 2001년도 실무그룹 회의록이 세 건 번역되어 있다.

- Assessment Reports
- Special Reports
- Technical Papers
- Methodology Reports
- Supporting Material
- Translations in non-UN Languages

(3) Graphics Presentations & Speeches

IPCC 보고서의 이해와 배포를 돕기 위해 IPCC 의장과 사무국 임원 등의 발표 자료를 열람할 수 있도록 해놓았다.

파워포인트 형식의 발표 자료나 연설문, 각종 도표와 그래픽
을 일시와 관련 회의별로 구분하여 정리했다.

(4) IPCC Glossary

IPCC 관련 용어집이다.

- *Glossary of Terms used in the IPCC Fourth Assessment Report*(네 번째 평가 보고서)
- *Glossary of Terms used in the IPCC Third Assessment Report*(세 번째 평가 보고서)(아랍어, 중국어, 영어, 불어, 스페인어, 러시아어)
- *Climate Change: A Glossary by the Intergovernmental Panel on Climate Change*(1995)(아랍어, 중국어, 영어, 불어, 스페인어, 러시아어)

(5) 링크 정보원

UNEP, WMO 등 관련 기관 웹사이트 링크는 물론, 각국 정
부의 기후변화 관련 자료를 링크해 기후변화에 관심 있는
이용자에게 큰 도움이 될 것으로 보인다. 조사 당시 링크되
어 있는 각국의 관련 자료 목록을 보면 다음과 같다.

- 브라질

  - Translated IPCC Documents(영어, 스페인어, 포르투갈어, 불어)
    Vol. 1 of the IPCC Guidelines for National GHG
    Inventories and Part 2 of Volume 2(The GHG Inventory
    Workbook)

-A Range of Information on Climate Change Issues

• 캐나다
  -Science of Climate Change
  -Taking Action on Climate Change

• 이란
  -Climate Change Office

• 뉴질랜드
  -Climate Science Facts
  -Public Education

• 파나마
  -Climate Science and other

• 미국
  -EPA Global Warming Site
  -Resource Center

• 우즈베키스탄
  -Climate School(러시아어로 정기적으로 갱신)

The International Programme on Chemical Safety (IPCS)
 WHO   UNEP

IPCS

The International Programme on Chemical Safety

국제화학안전계획

① 기구

1) 소재지

주　　소　International Programme on Chemical Safety (IPCS),
　　　　　World Health Organization, 20 Avenue Appia, CH
　　　　　－1211 Geneva 27, Switzerland
전　　화　+41 22 791 3590
팩　　스　+41 22 791 4848
홈페이지　http://www.who.int/ipcs

2) 설립연혁

1972년 스톡홀름 UN 인간환경회의 권고 및 1977년 WHO 총
회 결정에 따라 1980년 4월 WHO, ILO 및 UNEP 간 양해각
서 체결에 의해 세 기구 간 공동으로 설립되었다.

3) 설립목적

IPCS는 화학물질의 안전한 이용을 위한 과학적 증거를 수립하
고 각국의 화학안전 역량을 강화하기 위한 목적으로 설립되었다.

4) 주요사업

• 화학물질의 인간건강과 환경에 대한 위험도 평가
　－ 화학물질 위해성 평가에 대한 준비 및 출판

- 화학물질 위해성 평가를 위한 과학적으로 안전한 방법 개발 및 통일화
- 식품 구성물 및 첨가제, 살충제 및 동물용 약품의 잔여물 등에 대한 안전도 점검
- 독극물 정보, 예방 및 관리
- 화학물질 관련사고 및 비상사태
- 각국의 대응 역량 증대

5) 조직

WHO에서 실무업무를 담당하며, WHO의 Division of Environmental Health 내에 Central Unit of IPCS가 설치되어 상설적인 업무를 수행한다.

6) 한국과의 관계

1994년 9월에 양해각서를 체결하였다.

② 정보원

1) 정보배포정책

IPCS의 정보원은 'Publications' 란에 보고서, 회의록, 지침서 등 시리즈물과 관련 출판물로 나뉘어 있다. 대부분이 웹문서나

PDF 형식의 원문으로 무료로 제공된다. 'Publications' 란 제일 하단에 보면 인쇄본이 제공되는 출판물 목록을 별도로 정리해서 링크해 놓았다. 자세한 내용 소개는 아래와 같다.

2) 정보 자료

① Publication Series

- *Concise International Chemical Assessment Documents(CICADs)*
  양질의 엄선된 국가별, 지역별 평가에 근거한 국제 화학물질 위해성 평가에 관련된 간결한 문서들 목록이다. CICADs 항목을 클릭하면 여러 가지 관련 정보원이 제공되는데, 우선 알파벳순, 번호순, 정오표(Corrigenda) 목록 등을 볼 수 있으며 무료로 온라인 원문 이용이 가능하다. 자료 검색을 원한다면 'INCHEM'이라는 IPCS의 정보검색 홈페이지로 이동하여 온라인 원문과 인쇄본을 검색하여 이용·주문할 수도 있다. 또한 최근의 CICADs 준비 과정 보고서 및 관련 지침, 회의록 등의 자료도 별도로 제공하고 있다.

- *Environmental Health Criteria(EHCs)*
  화학물질이 인간건강과 환경에 미치는 영향에 대한 평가 자료를 제공한다. 주로 위험도 평가(risk evaluation)를 담당하는 과학 전문가들을 대상으로 작성되었다. EHCs 항목을 클릭하면 알파벳순, 번호순, 정오표 목록과 그 원문이 제공되며, 위험도 분석과 관련된 문서 목록을 별도로 볼 수 있다. 또한 INCHEM 홈페이지로 이동하여 온라인 원문과 인쇄본 및 CD-ROM까지 검색해 볼 수 있다.

• *Harmonization Project*

주제별로 Cancer risk assessment, Exposure assessment, Risk assessment terminology, Chemical-specific adjustment factors에 관한 표준화 작업 관련 문서들을 이용할 수 있다.

• *Health and Safety Guides(HSGs)*

화학물질에 노출되었을 때의 위험정보를 간략하게 설명하고, 의학적이고 행정적인 문제들에 관한 실용적인 조언을 제공하는 문서 목록이다. 행정사무자, 관리자, 정책입안자 등을 위해 작성된 자료들이다. INCEHM 홈페이지로 이동하여 전체 자료 목록과 함께 원문을 이용하고 인쇄본, CD-ROM이 제공되는 자료도 확인할 수 있다.

• *International Chemical Safety Cards(ICSCs)*

화학물질에 대한 기본적인 상품 정보와 건강 및 안전 정보의 요약문 목록이다. 일반 매장, 공장, 농촌 등에서 사용될 수 있도록 구성되었다. ILO 홈페이지 링크를 선택하면 ICSCs가 한국어를 포함한 여러 언어판 원문으로 제공되고 있다.

• *Joint FAO/WHO Expert Committee on Food Additives(JECFA) Publications*

JECFA가 2년에 1회 개최하는 식품첨가제, 오염물질, 동물용 약품의 잔여물과 자연독극물에 관한 회의의 결과물을 집결해 놓았다. 각 회의는 아래와 같이 크게 세 종류의 결과물을 생산한다.

- Reports

  *WHO Technical Report Series*로 발간되는 보고서들로 원문이 모두 무료로 제공된다.

- Toxicological Monographs

  더욱 자세한 정보를 담고 있는 *WHO Food Addictive Series(FAS)*, 모든 JECFA의 논문과 IPCS 위험도 분석 자료 등을 포괄하는 IPCS INCHEM 데이터베이스, JECFA의 모든 평가 자료를 모은 평가요약문 데이터베이스 등이 있다.

- Specifications & Residues Monographs

  *Compendium of FAO Food Additive Specifications*는 FAO 식품첨가제 설명 개론으로 식품첨가제에 대한 상세한 설명이 첨부되어 있다. 온라인에서 수시로 갱신되는 전문을 이용할 수 있으며, 성분명, 번호, 종류 등에 따라 검색이 가능하다. *Compendium of FAO Veterinary Drug Residue Monographs*는 동물용 약품 잔여물에 관한 논문을 수록하고 있으며 원래 *FAO Nutrition Meetings Report Series*로 출판되었던 문서들로 후에 *FAO Food and Nutrition Papers*로 변경되었다. 2006년부터 새로운 논문들이 *FAO JECFA Monograph Series*라는 이름으로 새롭게 출판되고 있다. 항목명을 클릭하면 총 자료목록과 온라인 검색툴이 있는 홈페이지로 이동한다.

• *Joint FAO/WHO Meeting on Pesticide Residues(JMPR)*

  JMPR의 독물학 평가 논문은 우선 INCHEM 홈페이지에서 검색하여 이용할 수 있다. 2005년에 IPCS 및 WHO가 수행한 살충제 평가 자료 및 JMPR의 독물학 평가 요약문 목록이 별도로 제공된다. 그 외 다른 보고서 및 JMPR의 문서들도 서지 데이터베이스로 구축되어 간략 정보와 함께 원문 링크를 이용할 수 있다.

• *Newsletters*

1992년부터 2002년까지 IPCS 뉴스레터의 PDF 형식의 원문이 제공된다.

• *Pesticide Safety Data Sheets(PDSs)*

공중보건 프로그램과 농촌에서 흔히 사용되거나 독성이 높은 살충제의 건강 및 안전 정보를 담은 데이터 자료이다. INCHEM 홈페이지로 이동하여 원문을 검색할 수 있다.

• *Training and Guidance*

독극물 정보 및 관리, 화학물질 위해성 평가, 화학물질 관련사고 및 비상사태 등에 관한 훈련 및 지침 자료들이다. 각 제목을 클릭하면 PDF 원문이 제공된다.

• *Publications Relevant to the Risk Assessment of Persistent Organic Pollutants(POPs)*

잔류성 유기오염물질(POPs)의 위험도 분석 관련 출판물이다.

② Other Relevant Publications

그 외에 IPCS에 대한 소개책자, 통합 위험도 분석, 관련 WHO 워크숍 문서 등이 정리되어 있다. 원문이 제공된다.

ITTO

International Tropical Timber Organization

국제열대목재기구

① 기구

1) 소재지

주　　소　International Tropical Timber Organization Intern ationalOrganizations Center, 5th Floor, Pacifico Yokohama 111, Minato Mirai, Nishi ku, Yokohama, 220　0012, Japan

전　　화　+81　45　223　1110

팩　　스　+81　45　223　1111

전자우편　itto@itto.or.jp

홈페이지　http://www.itto.or.jp

2) 설립연혁

ITTO는 1983년 UN 무역개발회의(UNCTAD)가 주최한 국제열 대림목재회의에서 채택된 '국제열대림목재협정'의 본부로서 처 음 발의되었다. 이 협정은 1984년 4월에 발효했으며 1986년 7

월, ITTO 이사회가 일본 요코하마에 본부와 사무국을 설치하기로 결정하면서 1987년 정식으로 문을 열었다.

3) 설립목적

ITTO는 열대림 자원의 보존과 지속적인 관리 및 활용, 무역통상의 실현을 목표로 한다.

4) 주요사업

ITTO의 주요사업은 우선 열대림 자원의 보호관리 정책에 관한 국제적인 합의를 도출하여 문서화하고 열대림 회원국들이 그런 정책을 자국 상황에 맞게 도입하도록 도와주는 것이다. 또한 열대림 목재 생산 및 무역에 관한 자료를 생산, 배포하고 현지 열대림 목재 산업의 활성화를 도모하는 프로젝트를 진행한다. ITTO는 2억 8천만 달러 상당을 투입하여 700여 개의 프로젝트 활동을 지원했으며 주요 후원국은 일본, 스위스, 미국이다.

5) 조직

ITTO의 59개 회원국은 세계 열대림의 80%, 열대림목재 무역의 90%를 차지한다. 국제열대림목재위원회가 사업을 총괄하며 회원은 목재 소비국, 생산국으로 나뉘어 상호 균형을 맞추고 있다. 사무국은 일본 요코하마에 위치하며 30여 명의 직원으로 구성되어 있다.

② 정보원

1) 정보배포정책

ITTO는 'Publications' 란에 다양한 온라인 정보원을 보유하고 있으며 무료로 원문이 제공한다. 인쇄본은 주문해야 한다. 전체 출판 정보원 목록을 보려면 'ITTO Publications List'라는 워드 파일을 다운로드하면 된다. 구체적인 정보원 항목은 아래와 같다.

2) 정보 자료

① *Tropical Forest Update*

1999년부터 1년에 4번 발행되는 ITTO의 소식지이다. 열대 우림 자원의 보존과 지속적인 사용을 주제로 한다. PDF 형식으로 원문을 이용할 수 있다. 인쇄본을 구독하려면 ITTO 에 신청하면 무료로 배송해 준다. *Tropical Forests Online* 자료의 인쇄본의 요약본을 신청해서 전자우편으로 받아 볼 수도 있다.

② *Market Information Service*

ITTO의 시장정보 서비스(MIS: Market Information Service) 팀이 작성하는 열대우림목재 시장 보고서(TTM: *Tropical Timber Market Report*)를 제공하고 있다. 이 보고서는 2주일 에 한 번 영어로 간행되며 국제열대우림목재 시장의 투명성을 개선하기 위한 목적을 가진다. 최신 시장동향과 통상 소식은

물론 400여 종의 열대우림 목재와 부가가치 상품의 시세 정
보를 제공한다. 등록 절차를 거치면 1998년부터 현재까지 작
성된 MIS팀의 보고서를 무료로 이용할 수 있으며 직접 보고
서를 전자우편으로 전달받을 수도 있다.

③ *Annual Review of World Timber*

ITTO의 연차 보고서는 세계목재시장에 대한 국제적인 통계
자료와 산림지역 동향과 산림관리 및 ITTO 회원국들의 경
제현황을 담고 있다. 보고서의 각 부분을 PDF 형식으로 무
료로 다운로드할 수 있으며 데이터 자료는 엑셀파일로 제공
된다. 이전 연도의 보고서의 데이터 자료들도 원문 이용이
가능하다.

④ *Policy Papers & Guidelines*

국제적으로 합의된 ITTO 정책 문서 및 지침서 목록으로 누
구나 원문 이용이 가능하다.

⑤ *Technical Reports*

ITTO가 위탁한 연구결과 보고서들이다. 따라서 꼭 ITTO의
관점을 담고 있지는 않다. 국제열대림목재위원회의 자문에
따라 내용이 수정되기도 하는데 자국어판에만 수정이 반영
된다. 영어, 불어, 스페인어 등의 원문이 제공된다.

⑥ *SFM Tropics 2005*

이 보고서는 ITTO 회원국 33개국의 산림 관리 현황에 대

한 전체적인 분석을 담았다. 짧은 요약본과 PDF 형식의 원문이 제공되며 세계지도 그림에서 특정 지역이나 나라를 선택해서 관련 내용을 볼 수도 있다.

⑦ *Mission Reports*

ITTO는 회원국의 요청에 따라 기술사절단(Technical Missions)을 파견해서 산림, 특히 열대우림 자원 보호의 장애 요인을 파악한다. 그 결과 보고서의 원문을 제공하고 있다.

⑧ *Field Reports*

ITTO가 지원하는 현지 프로젝트 및 활동의 결과 보고서들로, 원문이 제공된다.

⑨ *Brochures*

산불, 산림복구, 홍수림(Mangrove) 보호 등 ITTO의 활동 및 관심 주제에 대한 안내물로, 원문이 제공된다.

IUCN

International Union for the Conservation of Nature and Natural Resources

국제자연자원보존연맹

① 기구

1) 소재지

주　　소　Rue Mauverney 28 Gland 1196, Switzerland
전　　화　+ 41(22) 999 0000
팩　　스　+ 41(22) 999 0002
전자우편　mail@iucn.org
홈페이지　http://www.iucn.org

2) 설립연혁

1948년 10월 5일 퐁텐블로(Fontainebleau)에서 UNESCO와 프
랑스 정부가 주최한 회의에서 국제자연보호연맹(IUPN: Inte-
rnational Union for the Protection of Nature)으로 창설되었다.
기구의 명칭은 1956년 국제자연자원보존연맹(IUCN: Intern-
ational Union for Conservation of Nature and Natural Res-
ources)으로 바뀌었다. 현재는 세계보존연맹(World Conserv-
ation Union)으로 부르나 많은 사람들이 알고 있는 IUCN도 같
이 사용된다.

3) 설립목적

•세계적으로 멸종되어 가는 자연자원의 보존대책 강구
•개발도상국의 자연보존과 개발시책 조화를 위한 전략 모색

- 회원국 간의 정보교류 및 교육 촉진
- 자연자원의 보호에 중요한 생물학적 생산성, 토양의 이용가
능성, 생태학적 원칙의 이해 증진

4) 회원국

기구는 회원제로 운영되고 있다. 현재는 1,000개가 넘는 단체
와 10,000명이 넘는 개인(과학자나 전문가)으로 이루어져 있다.
1,000개 단체의 회원 중에는 82개 정부와 111개의 정부기관,
그리고 800개가 넘는 시민단체를 포함하고 있다.

5) 한국과의 관계

1966년 한국자연보존협회가 가입한 이후, 1972년 국립공원협회,
1979년 자연보호중앙협의회, 1981년 한국야생동물보존협회,
1981년 환경부(당시 환경청)가 각각 가입하여 활동 중이다.

② 정보원

1) 정보배포정책

홈페이지 상에서 IUCN의 모든 출판물을 확인할 수 있으며, 본
기구의 도서관은 IUCN 사무국, 지역사무실, 위원회와 협력체
에서 출판한 도서, 연속간행물, 과학 및 기술보고서 등을 소장

하고 있다. 온라인 도서 목록을 이용하여 도서관에서 소장하고 있는 책을 검색할 수 있으며 대부분의 IUCN 출판물은 IUCN 의 온라인서점을 통해 구매가 가능하다.

2) 정보 자료

(1) 간행물

① 출판물 목록은 전자우편으로 요청할 수 있거나 또는 홈 페이지 상에서 무료로 이용할 수 있다.

② 본 기구의 출판물은 자연보존과 지속가능형 발전과 관련 된 다양한 주제를 포함하고 있다. IUCN의 온라인서점은 다음 네 분야(조약, 활동, 조직)와 관계된 출판을 하고 있다.

- CITES: 멸종위기의 동·식물의 국제무역에 관한 조약
- The Ramsar Convention on Wetlands: 습지대에 관한 Ramsar 조약
- TRAFFIC: IUCN과 WWF의 공동야생생물무역감시 프 로그램
- UNEP – World Conservation Monitoring Centre(국제보 존모니터센터)

③ 또한 보존과 지속적인 발전에 관한 포괄적인 주제의 단 행본을 출판하고 있다.

Biodiversity Polity, Development, Economics, Ecosystem Management, Education, Environmental Management, Gender and Equity, Information Resources, Law, National

Conservation Strategies, Protected Areas, Species, World Conservation Strategy, IUCN and its Members

④ 1948년부터 2005년까지 IUCN에서 출판된 모든 단행본들을 검색할 수 있다.

⑤ *World Conservation*은 본 기구에서 1999년부터 2001년까지 출간한 간행물이다. 영어, 불어, 스페인어로 출간되었다.

⑥ *IUCN Report*(2002): 무료

(2) 최근 출판물 추천 목록

· *Impacts of Sakhalin II Phase 2 on Western North Pacific Gray Whales and Related Biodiversity*
(R.P. Reeves et al.)
ISBN 2 - 8317 - 0874 - 5, 2005

· *IUCN's First Ever Assessment of its Greenhouse Gas Emissions*
ISBN 2 - 8317 - 0859 - 1, 2004

· *2nd Pan - African Symposium on the Sustainable Use of Natural Resources in Africa*
(Edited by Bihini Won wa Musiti)
ISBN 2 - 8317 - 0859 - 1, 2004

· *Promoting Rural Livelihoods through Agrobiodiversity Seminar Proceedings*
ISBN 2 - 8317 - 0615 - 7, 2001

· *The Relationship between Nature Conservation, Biodiversity and*

Organic Agriculture

(Edited by Sue Stolton, Berrward Geier and Jeffrey A. McNeely)

ISBN 3 - 934055 - 05 - 2, 2000

• *Lessons Learned - Case Studies in Sustainable Use*

(J. Ahmed et al.)

http://www.iucn.org/themes/sustainableuse/lleng.html에서 다운로드가 가능하다.

• *Wellbeing of Nations - A Country - by - Country Index of*

• *Quality of Life and the Environment*

(Robert Prescott - Allen)

ISBN 0 - 88936 - 955 - 0(Paperback), 2001

(3) 도서관

① 본 기구의 도서관은 IUCN 사무국, 지역사무실, 위원회와 협력체에서 출판한 도서, 연속간행물, 과학 및 기술보고서 등을 소장하고 있다.

② 온라인열람목록(OPAC)을 이용하여 도서관에서 소장하고 있는 책을 검색할 수 있으며 대부분의 IUCN 출판물은 구매가 가능하다.

③ 본 기구는 1994년부터 기탁도서관을 운영하고 있다. UN 기탁도서관 운영 시스템과 마찬가지로 회원국은 국내 한 도서관을 지정하고 기구에서 출판된 도서를 받을 수 있도록 하고 있다. 현재 12개의 기탁도서관이 운영되고 있으며 개발도상국이 큰 비중을 차지한다.

④ 현재 한국 내 기탁도서관은 없다.

⑤ 그 외, 다른 IUCN의 도서관(또는 도서관 기능을 하는 곳)은 IUCN 환경법 도서관, IUCN 사무실이 있다. 또한 IUCN의 정보 출처로 The Biodiversity Economics Library, The Protected Areas Database, IUCN's Species Survival Commission, Species Information Service(SIS)가 있다.

⑥ 도서관 연락처

IUCN Library

전　　화　+41(22) 999 0136

팩　　스　+41(22) 999 0010

전자우편　library@iucn.org

(4) 뉴　스

본 기구에 관한 기사나 기자회견을 하였던 소식들을 보관하고 있다. 1999년부터의 자료가 이용 가능하다.

OECD EPOC

OECD Environment Policy Committee

OECD 환경정책위원회

1 기구

1) 소재지

주   소 OECD Environment Policy Committee, 2, rue An-
dré Pascal, F‐75775 Paris Cedex 16, France

전   화 +33 1.45.24.82.00

팩   스 +33‐(0)1.44.30.63.99

전자우편 env.contact@oecd.org

홈페이지 http://www.oecd.org/document/25/0,2340,en_2649_-
7465_1895129_1_1_1_37465,00.html

2) 설립연혁

1970년 7월 OECD 회원국 간 환경문제 논의를 위해 설립되었다.

3) 설립목적

OECD는 지속적인 발전을 위한 환경 분야의 다양한 연구 및 정책 권고 활동을 전개할 목적으로 EPOC를 설립하였다.

4) 조직

EPOC는 29개 OECD 전 회원국이 참가하며 최고의사결정기관 인 이사회와 집행위원회, 특별집행위원회로 이루어져 있다. 연 2회 회의를 개최한다. 또한 Global and Structural Policies,

National Environmental Policies, 그리고 Environmental Performance에 관한 산하 사업단(Working Parties)을 감독하며, OECD의 다른 위원회와 협력하여 각각 농업과 환경, 통상과 환경을 다루는 두 개의 연합 사업단도 운영하고 있다.

5) 주요사업

- 주요 환경문제에 대하여 회원국 간 의견교환의 기회를 제공하고 정책적 대응방안을 강구
- 회원국들이 수행 중이거나 계획된 환경정책, 대책 등에 관한 협력 강화, 정보 자료 공유 및 공동 조사 연구
- 지속적인 개발의 지원 및 환경과 경제정책의 통합, 기술혁신 및 확산, 환경가치 향상 및 자연생태계 보전
- 회원국들에 대한 국내외 환경정책 및 의무사항 이행여부에 대한 성과 평가
- 환경상태의 추세, 개선 상황과 문제점 등의 규명을 위한 기초자료로서의 환경지표 개발, 표준화되고 비교 가능한 통계 등의 개발 공표
- 회원국들이 보유하고 있는 환경관리기술, 정보 및 경험의 비회원국들과의 공유 추진

6) 한국과의 관계

한국은 1993년 이래 옵서버(observer)로 참여해 오다가 1996년 12월 정회원국으로 참여하고 있다.

② 정보원

1) 정보배포정책

EPOC는 별도의 홈페이지 없이 OECD 홈페이지의 환경 부문에 속해 있기 때문에 온라인 정보원도 OECD의 구조를 바탕으로 한다. EPOC 페이지에는 신간 출판물 및 'OECD Online Bookshop'이 링크되어 있는데 클릭하면 환경과 지속가능한 개발 부문의 출판물 목록으로 연결된다. 또 상단에 'Environment'의 하위 항목으로 보이는 'Statistics, Publications & Documents, Information by Country' 란을 보면 OECD가 제공하는 환경관련 정보원을 이용할 수 있다. 정보원의 소개가 대부분 전체 목록 형식이므로 특정한 자료를 찾는다면 상단의 검색툴을 이용하는 것이 편리하다. 만약 주제 분야별 검색을 원한다면, 왼쪽 메뉴에 나열되어 있는 환경 주제 분야를 선택하면 개괄적인 설명과 함께 그 주제에 해당하는 'Statistics', 'Publications & Documents', 'Information by Country' 등 정보원을 이용할 수 있다.

2) 정보 자료

① Statistics

OECD가 환경 분야와 관련해서 제공하는 데이터베이스, 통계 자료, 도표 등의 정보원을 총망라해 놓았다.

② Publications & Documents

환경과 관련된 OECD의 출판물 및 문서 목록이다. 아래와
같은 상세 분야로 분류하여 해당 정보원의 목록을 확인할
수 있다. 무료 정보원의 경우 PDF 형식이나 HTML 형식의
원문으로 연결되며 유료인 경우 'Online Bookshop'으로 연
결되어 가격 및 출판 정보를 제공한다. 초록은 무료 이용이
가능하다.

- Annual Reports
- Best Practices
- Case Studies
- Country Surveys/Reviews/Guides
- Dictionaries/Glossaries
- Directories
- Events/Conferences/Meetings
- Guidelines
- Manuals, Sources and Methods
- News Releases
- Newsletters/Brochures
- OECD Legal Instruments and Related Documents
- Other OECD Documents
- Policy Briefs
- Proceedings
- Projections, Forecasts and Outlooks
- Publications
- Questionnaires

- Reports
- Speeches
- Staff Papers/Presentations
- Statistics, Data and Indicators
- Web Sites
- Working Papers

③ Information by Country

알파벳순으로 정렬된 국가별로 환경관련 정보원을 분류해
놓았다. 해당 국가를 선택하면 정보원의 종류별(설문조사/검
토/지침, 출판물, 보고서, 회의일정 등)로 2차 구분이 되어
있다. 회원국/비회원국으로 구분해서 재정렬이 가능하다.

OECD Environment Directorate
OECD 환경위원회

① 기구

1) 소재지

주   소 OECD Environment Directorate, 2, rue André-

Pascal, F 75775 Paris Cedex 16 France

전　　화　+33 1.45.24.82.00

팩　　스　+33 (0)1 44 30 63 99

전자우편　env.contact@oecd.org

홈페이지　http://www.oecd.org/about/0,3347,en_2649_33713-

_1_1_1_1_1,00.html

2) 설립연혁

OECD 환경정책위원회(EPOC)는 1971년 OECD 환경정책 분야의 고위급 회의로 설립되었다. OECD 회원국의 환경장관들이 EPOC에 참가해서 주요 환경정책을 협의하면, 주요 환경문제의 해결 방안을 연구하고 실행하는 사무국 역할의 상설 조직이 OECD 환경위원회(Environment Directorate)이다. 환경위원회는 EPOC과 별도의 위원회인 화학물질위원회(Chemicals Committee)도 보좌한다.

3) 설립목적

OECD 환경위원회는 OECD 회원국들이 효과적이고 경제적으로 주요 환경 정책의 개발과 실행을 할 수 있도록 분석적 토대를 제공하는 역할을 수행한다. 기후변화, 생물다양성 등 국제 환경문제 관련 정책 분석, 회원국의 환경정책 평가, 자료 수집 및 정책 분석 등을 수행한다.

4) 주요사업

OECD 환경위원회는 오염자부담원칙 등 주요 환경원칙 개발, 배출권거래제, 환경세 등 경제적 유인책을 개발해서 국제 환경문제 해결에 적극적으로 나서고 있다. OECD 환경위원회의 사업은 OECD 환경장관들이 2001년 채택한 '21세기 OECD 환경전략'에 따라 시행된다. '21세기 OECD 환경전략'은 지구환경의 지속가능성을 추구하려는 회원국의 노력을 지원하기 위한 향후 OECD 사업안을 담고 있다. 주요사업 분야는 다음과 같다.

- 생물학적 안전성
- 화학물질 안전성
- 기후변화, 에너지, 운송
- 소비, 생산 및 환경
- 신흥 및 과도기 경제의 환경문제
- 국가별 환경평가

5) 조직

OECD 이사회 아래에 환경정책위원회가 있고, 보좌하는 다양한 실무그룹이 있다. 크게 환경성과(Environmental Performance), 국제 및 구조정책(Global and Structural Policies), 국가환경정책(National Environmental Policies), 화학물질, 살충제 및 생물공학(Chemicals, Pesticides & Biotechnology)의 실무그룹이 있으며, 그 아래 또 다른 하위 실무그룹이 있다.

② 정보원

1) 정보배포정책

각 사업 분야마다 'About', 'Statistics', 'Publications', 'Inform-ation by Country' 등의 항목으로 나뉘어 있어 사업별 정보원을 쉽게 확인할 수 있다. 홈페이지 메인 화면에서는 같은 항목별로 포괄적인 정보를 제공한다. 특히 'Publications' 란에는 환경위원회가 보유한 정보원을 종류별로 한눈에 보기 쉽게 정리해 놓았다. 예를 들어 환경위원회의 전체 통계 자료를 보고 싶으면 첫 메인 화면에서 'Statistics'를 클릭하면 되고, 화학물질 안전성 관련 통계 자료를 원하면 'Chemical Safety' 분야를 먼저 선택한 다음 'Statistics'를 클릭하면 된다. 대부분 무료 문서이며, 세계의 정상들이 주목하는 환경 현안과 동향을 파악할 수 있다. 경제, 통상 등의 영역에서 환경문제를 다루는 접근도 흥미롭다.

2) 정보 자료

'Publications'에 정리된 정보원의 종류는 아래와 같고, 괄호 안의 숫자는 그 주제로 제공되는 자료의 건수이다. OECD 간행물과 국가별 보고서, OECD 법률문서, 사업경과 보고서가 중심이다. 각 자료를 클릭하면 PDF 형식의 원문과 요약문이 제공된다. 오른쪽에 위치한 'Don't Miss'라는 제목의 작은 섹션을 통해 현재 이용자가 선택한 분야에서 놓쳐서는 안 될 핵심 정보원을 소개해 놓았다. 사업 분야별로 새로 업데이트되는 관련 데이터베이스나 자료도 소개한다.

- Annual Reports (7)
- Best Practices (9)
- Case Studies (55)
- Country Surveys/Reviews/Guides (84)
- Dictionaries/Glossaries (4)
- Directories (8)
- Events/Conferences/Meetings (124)
- Guidelines (138)
- Manuals, Sources and Methods (105)
- News Releases (55)
- Newsletters/Brochures (29)
- OECD Legal Instruments and Related Documents (95)
- Other OECD Documents (542)
- Policy Briefs (20)
- Proceedings (64)
- Projections, Forecasts and Outlooks (3)
- Publications (126)
- Questionnaires (3)
- Reports (609)
- Speeches (18)
- Staff Papers/Presentations (14)
- Statistics, Data and Indicators (34)
- Web Sites (29)
- Who's Who/ CV's/Authors (3)

• Working Papers (1)

The Ozone Secretariat

Secretariat for the Vienna Convention for the Protection of the Ozone Layerand for the Montreal Protocol on Substances that Deplete the Ozone Layer

비엔나협약및몬트리올의정서사무국(오존사무국)

1 기구

1) 소재지

주　　소　Ozone Secretariat UnitedNationsEnvironmen-
　　　　　tProgram me UnitedNationsAvenue, Gigiri P.O.Box-
　　　　　30552 Nairobi00 100 Kenya

전　　화　(254 20) 762 3850/51

팩　　스　(254 - 20) 762 46 91/92/93

전자우편　ozoneinfo@unep.org

홈페이지　http://ozone.unep.org/

2) 설립연혁

오존사무국은 '오존층 보호를 위한 비엔나협약'과 '오존층 파괴물질에 관한 몬트리올의정서'를 위한 사무국으로 세워졌다. 비엔나협약이란 유엔환경계획을 중심으로 1981년 오존층을 보호하기 위한 특별위원회를 발족한 결과, 122개국이 가입·서명해 1985년 3월에 채택하였으며, 1989년 9월에 발효한 국제환경협약을 의미한다. 따라서 비엔나협약은 인류의 활동이 오존층에 미치는 영향과 오존층 파괴로 인한 인간의 건강과 환경이 받게 될 부정적인 영향을 보다 폭넓게 이해하고, 평가하기 위하여 당사국 간에 감시 및 관련 정보의 교환을 촉진하기 위한 목적으로 채택되었다. 이 협약의 이행을 위하여 구체적인 의무조항을 규정한 몬트리올의정서가 1987년 9월에 채택되고 1989년 1월 1일부터 시행되고 있다. 이 의정서는 현재까지 4차례의 개정이 있었으며, CFC(프레온가스), Halon 등 96종의 오존층 파괴물질을 규제 대상물질로 정하고 1994년부터 생산 및 소비량을 단계적으로 감축하여 2040년부터 생산과 소비를 금지할 것을 명시한다.

3) 설립목적

오존사무국은 비엔나협약과 몬트리올의정서의 이행과 규제, 국제협력을 도모하기 위해 비엔나협약 제7조와 몬트리올의정서 제12조에 의거해 설립되었다. 유엔환경계획(UNEP)이 운영을 담당한다.

4) 조직

현재 비엔나협약은 191개국이 조인했고, 몬트리올의정서는 91개국이 비준했다. 오존사무국은 사무총장, 법률사무관, 과학사무관, 행정사무관, 데이터베이스 관리자, 관리감독사무관 등으로 이루어져 있다.

5) 주요사업

- 오존사무국은 당사국 간의 회의와 프로젝트 그룹, 위원회, 평가단 활동 등을 준비하고 지원한다.
- 이러한 회의의 결정 사항의 이행을 지원한다.
- 비엔나협약과 몬트리올의정서의 실행을 감시하고 당사국총회와 몬트리올의정서실행위원회에 보고한다.
- 국제회의에서 비엔나협약과 몬트리올의정서를 대표한다.
- 오존층 파괴물질의 생산과 소비에 관한 당사국들의 현황 정보를 분석·관리한다.
- 오존층 보존에 관한 여러 정보를 각국 정부와 국제기구, 개인들에게 정보를 제공한다.

6) 한국과의 관계

한국의 경우 1992년 2월 27일에 가입하여 동 의정서의 규제를 받고 있다.

② 정보원

1) 정보배포정책

오존사무국의 홈페이지를 보면 비엔나협약과 몬트리올의정서의
개괄적인 소개란을 포함한 주요 메뉴가 나와 있다. 그 외 조약
비준 현황이나 회의문서, 면제 사례, 출판물 등 정보원을 제공
한다. 대부분 무료로 제공되는 온라인 정보원이다.

2) 정보 자료

(1) Montreal Protocol Handbook

2006년판 몬트리올의정서 안내책자를 온라인 정보원으로 변
환해서 항목별로 볼 수 있도록 했다. 검색 기능도 있다. 몬
트리올의정서 내용과 규제사항 요약, 결정사항, 추가사항, 회
의절차 규정, 일반 색인 등의 순서로 이루어져 있다.

(2) Vienna Convention Handbook

역시 2006년판 안내책자로 협약 내용, 결정사항, 회의절차
규정, 일반 색인 등의 순서로 되어 있다.

(3) Ratification Status and Evolution of Montreal Protocol

우선 몬트리올의정서의 개정 내용을 명시했다. 또 비엔나협
약과 몬트리올의정서, 그리고 네 번의 개정의 비준 현황을
각각 조약, 나라별로 볼 수 있도록 정리했다. 아직 비준하지

않은 나라들 목록도 따로 제공한다.

(4) Historical Meetings' Documentation

당사국총회 회의록들과 프로젝트 그룹 보고서, 향후 과제에
대한 논의, 실행위원회 문서, 그 외 오존사무국의 보고서들을
모두 볼 수 있다. 세부 목록은 아래와 같다.

- *Meetings of the Parties to the Montreal Protocol(MOP)*
- *Conference of the Parties to the Vienna Convention(COP)*
- *Open-Ended Working Group Meetings of the Parties to the Montreal Protocol(OEWG)*
- *Dialogue on Key Future Challenges to be Faced by the Montreal Protocol*
- *Implementation Committee for the Montreal Protocol (ImpCom)*
- *Bureaux of the Conferences and Meetings of the Parties*
- *Documents of the Informal Consultation on the Proposals to Phase out HCFCs*
- *Ozone Secretariat Workshop on the IPCC/TEAP Special Report*
- *Ozone Research Managers of COP to the Vienna Convention*
- *Reports of the TEAP and TOCs*
- *Sessions of the Coordinating Committee*
- *Ad Hoc Working Group*
- *Documents for Workshop of Experts on Illegal Trade*

(5) Press Information and Publications

보도 자료와 함께 오존사무국의 출판물을 모아 놓았다. 단행
본들도 PDF 형식으로 볼 수 있도록 온라인 정보원으로 변환
해 놓았다. 주요 출판물은 다음과 같다.

- *2007 Ozone Awards Book*
- *Environmental Effects of Ozone Depletion and its Interactions with Climate Change: 2006 Assessment*
- *Scientific Assessment of Ozone Depletion: 2006*
- *Technology and Economic Assessment Panel: 2006 Assessment*
- *Our Story(2005)*
- *Action on Ozone, 2000 Edition*

(6) Assessment Panels/Documents

UNEP이 1988년 평가단을 시작한 이래, 기술 및 경제평가단
(TEAP), 과학평가단(SAP), 환경효과평가단(EEAP)이 오존파
괴의 과학적인 영역을 분석·평가한다. 이들의 개별 평가 보
고서와 평가단 조직 정보는 물론 종합 보고서도 제공한다.

(7) Exemption Information

생산과 소비가 금지된 오존층 파괴물질의 사용을 예외적으로
허용하는 사례 정보를 제공한다.

The Ramsar Convention on Wetlands

Convention on Wetlands of International Importance
Especially as Waterfowl Habitat

물새서식지로서국제적으로중요한습지에관한협약(람사협약)

① 기구

1) 소재지

주　　소　The Ramsar Convention Secretariat, Rue Mauverney 28, C

　　　　　－1196 Gland, Switzerland

전　　화　＋41 22 999 0170

팩　　스　＋41 22 999 0169

전자우편　ramsar@ramsar.org

홈페이지　http://www.ramsar.org/

2) 설립연혁

람사협약은 수조류, 어류, 양서류, 파충류 및 식물의 기본적 서
식지이자 가장 생산적인 생명부양의 생태계인 습지의 보호를
위해 1971년 2월 이란의 람사에서 채택되고 1975년부터 발효

됐다. 람사협약은 천연자원의 보존과 지속가능한 이용을 논의하는 최초의 현대적인 정부간 국제조약이다.

3) 설립목적

원래 명칭에서 알 수 있듯이 초창기 람사협약은 물새서식지로서의 습지 활용과 보존에 초점을 두었다. 하지만 점차 모든 습지를 포괄하는 쪽으로 변화했다. 홍수와 한발을 조절하는 등 기후조정 역할을 하며, 가장 비옥한 건초용 목초지보다 두 배 이상의 유기물질을 생산하는 습지의 중요성을 인식하게 된 것이다. 람사협약은 국가, 지역, 국제적 차원의 노력을 통해 모든 습지를 보존하고 현명하게 활용해서 지속가능한 발전에 기여하도록 한다.

4) 조직

2008년 초 현재 157개국이 가입했다. 람사협약은 당사국, 상설위원회, 사무국, 과학기술검증단, 국제협력 파트너 등의 협력으로 실행되고 있다. 당사국총회(Conference of the Contracting Parties: COP)가 협약의 의사결정기관이며 실무는 사무국이 담당한다.

5) 주요사업

• 주요습지등재사업
  람사협약에 가입하려면 적어도 하나 이상의 습지를 협약등록 습지(Ramsar List)로 등재해서 보존에 힘써야 한다. 일단 등록된 습지는 지속적으로 감독의 대상이 되며 습지 환경에 변화가 있으면 최대한 빨리 협약 사무국에 알려야 한다. 이 사업은 람사협약의 대표적인 사업으로 현재 1,708개의 습지가 '람사 습지'로 특별 보호 대상으로 등록됐다. 현재 아열대 해수 소택지 등 약 1억 5천만여 ha의 습지가 보호되고 있으며, 이는 프랑스, 독일, 스페인, 스위스 표면 면적을 합친 것보다 크다.

• 현명한 습지 활용

당사국은 국토 이용 계획을 구성할 때 습지 보존 요소를 고려해야 한다. 협약이 규정하는 '영토 내 습지의 현명한 활용' 조항을 준수해야 한다. 또한 당사국총회(COP)가 승인한 '현명한 활용'의 규칙을 홍보하고 이행해야 한다.

• 보존과 훈련

당사국들은 람사 목록에 포함되지 않은 습지의 보존을 위해서도 노력해야 한다. 또한 습지 연구와 관리 분야의 훈련 프로그램을 실행한다.

• 국제협력

당사국들은 서로 협약의 이행, 특히 국경을 넘어 함께 공유하는 습지나 수자원, 동식물종 등에 관한 논의와 협력을 지속적으로 진행한다.

6) 한국과의 관계

우리나라는 1997년 3월 가입하였다. 협약 가입 시 최소 1개 이상의 국내 습지를 협약등록 습지로 등재하여야 하는 협약규정

에 따라 우리나라는 자연생태계 보호지역으로 지정 및 관리 중
인 강원도 인제군 소재 대암산용늪을 협약등록 습지로 등록하
였고, 1998년 3월에는 자연생태계보전지역으로 지정된(1997년
6월) 경남 창녕의 우포늪을 등록하였다. 1999년 2월에는 습지
보전법이 제정되어, 내륙습지(환경부)와 연안습지(해양수산부)에
대해 습지조사 및 습지보전 기본계획 수립, 우수지역에 대한
습지보호지역 지정 추진 등 체계적 관리를 도모하고 있다.

② 정보원

1) 정보배포정책

람사협약의 홈페이지에서는 협약의 내용과 현재까지 협약과 관
련된 주요 문서, 그리고 습지에 대한 개괄적인 정보 등을 제공한
다. 대부분 무료의 온라인 정보원이므로 편리하게 이용이 가능하
다. 람사협약에 대한 기본적인 소개가 필요하다면, 'About
Ramsar'를 클릭해 'Ramsar Info Pack'를 이용하면 된다. 좀더 심
층적인 정보를 원한다면 'Special Subjects & Features'나
'Ramsar Library', 'Handbooks for Wise Use'로 들어가면 된다.

2) 정보 자료

(1) About Ramsar

전반적인 소개란이다. 특히 'Ramsar Info Pack'에 Q&A 형식

으로 주요 내용을 정리해 놓았다. 관심 있는 주제를 클릭하면 PDF 형식으로 설명이 제공된다. 그 외에 'Ramsar Sites Database'를 클릭하면 'Wetlands International'이라는 데이터 베이스가 있어서 람사등록 습지에 대한 최신 정보와 그래픽 자료를 이용할 수 있다. 또 'RamsarSpeak: Glossaries'를 클릭하면 습지 관련 용어 사전을 이용할 수 있다.

(2) Key Documents

당사국회의의 회의록과 람사습지 관찰 보고서(Ramsar Infor-mation Sheet: RIS), 기술보고서, 람사습지보존상, 국가별 보고서, 과학기술검증단 보고서 등 다양한 람사협약 관련 문서들을 한눈에 볼 수 있다.

(3) Ramsar List

등록 습지의 기본 명단은 무료로 온라인상에서 다운로드할 수 있다. 습지명과 국가명, 등록일자, 면적 등에 대한 정보가 제공된다. 더 자세한 설명이 추가된 명단은 하드카피로 신청하면 무료로 받아볼 수 있다. 위에서 언급한 'Wetlands Int-ernational' 데이터베이스를 이용해도 된다.

(4) Ramsar Library

람사협약의 출판물을 HTML이나 PDF 형식으로 이용할 수 있는 웹문서를 모아 놓았다. 하드카피는 람사협약이나 IUCN 출판물 부서에 무료 신청, 혹은 주문할 수 있다. 아래와 같은 출판물이 있다.

- *The Ramsar Toolkit: Handbooks on the Wise Use of Wetlands*
- *Proceedings of Ramsar COP9*(제9차 당사국총회의 결과 보고)
- *Ramsar Technical Reports*
- *The Ramsar Manual*, 4th edition

(5) Ramsar Web Archives

람사협약의 새소식 게시판이나 회의록, 사진 갤러리, 사무국의 현지 방문 보고서, 연설문 등의 자료를 모아 놓았다.

(6) Handbook for Wise Use

Ramsar Library에도 있는 *The Ramsar Toolkit: Handbooks on the Wise Use of Wetlands*의 온라인판으로 PDF 형식이다. 목차에 따라 주제별로 다운로드할 수 있다.

RAN

Rainforest Action Network

열대우림보호운동네트워크

1 기구

1) 소재지

주　　소　221 Pine Street, 5th Floor, San Francisco, CA941
　　　　　04 USA
전　　화　1 415 398 4404
팩　　스　1415 398 2732
전자우편　answers@ran.org
홈페이지　http://www.ran.org

2) 설립연혁

1985년 샌프란시스코에 사무국을 설립하고 열대우림과 열대우
림 거주민의 인권 보호를 위한 캠페인을 전개하기 시작했다.

3) 설립목적

RAN은 시민운동과 비폭력 행동을 통해 세계 시장구조를 변화
시켜 열대우림과 거주민이 지속가능한 삶을 살 수 있도록 한다.

4) 주요사업

- 열대우림 보호를 위한 홍보, 대중 조직화
- 열대우림 지역의 수목을 원료로 하는 제품에 대한 소비자 인
  식 교육 및 불매운동 주도
- 우림 지역을 파괴하는 정부기업의 정책 및 활동에 대한 비폭
  력적 항의운동 전개

5) 조직

미국에 본부를 두고 있으며, 3만 명의 회원 및 60여 개국의 150여 개 환경관련 인권단체를 통해 활동하고 있다.

② 정보원

1) 정보배포정책

열대우림과 관련된 여러 이슈들을 다루고 있다. 보고서나 정식 출판물의 형태는 아니더라도 홈페이지에 정보를 게재하며 의견을 공유하고 최근 소식들과 언론보도들을 빠르게 접할 수 있다. HTML 형식의 웹페이지 정보원과 PDF 형식의 출판물 형식으로 나누어 소개하면 다음과 같다.

2) 정보 자료

① Reports & Publications

'Who We Are'의 'Reports & Publications' 란에 보면 정식으로 출판된 RAN의 출판 정보원이 소개되어 있다. 2000년부터 매년 발행된 연차 보고서는 연도별로 원문을 볼 수 있다. 그 외에는 미국의 인도네시아 열대림 목재 수입이 현지에 미치는 영향에 대한 보고서나 목재 사용 감축, 재활용 종이 제작 지침서 등 특정 주제 보고서들이다. PDF 원문이 제공되는 정보원도 있고 RAN에 직접 연락을 취해서 원문

을 구해야 하는 정보원도 있다. 개괄적인 설명만 제공되는
정보원도 있다.

② What We Do
'What We Do' 란에는 주제별로 자세한 설명이 제공된다.
웹페이지 형식으로 다운로드 절차 없이 누구나 정보를 이용
할 수 있다. 보고서 등 출판물처럼 길지 않기 때문에 깊이
있는 내용은 아니지만 주제별 현황과 배경 설명은 충분히
되어 있다. 주제 항목은 아래와 같다. 이 중 Global
Finance, Old Growth, Zero Emissions 세 항목은 RAN의
대표적인 주제이며, 나머지는 관련 캠페인들이다.

- Global Finance
  환경과 사회를 파괴하는 경제활동을 지속가능하고 환경을
  보존하는 형태로 변화시키는 활동이다. 관련 역사와 캠페
  인, 참여 방법 등의 정보를 제공한다.

- Old Growth
  열대우림과 그 거주민의 권리를 보호하는 운동이다. 관련
  역사와 캠페인, 참여 방법 등의 정보를 제공한다.

- Zero Emissions
  2020년까지 미국의 석유 사용을 철폐하여 지구의 기후변
  화를 막으려는 운동이다. 역시 관련 역사와 캠페인, 참여
  방법 등의 정보를 제공한다.

- The 12Step Program
  미국의 석유 사용을 줄이는 12단계를 제시한다.

- Rainforests in the Classroom

  열대우림 보호에 관한 교과과정을 제안한다. 등록하면 커리큘럼을 이용할 수 있다.

- Protect an Acre

  열대우림 거주촌을 보호하는 캠페인이다.

- World Rainforest Week

  1년 중 일정 기간 동안 매일 열대우림, 지구온난화, 석유 사용 감축 등 주제에 대한 정보를 제공하고 사람들의 동참을 권유하는 캠페인이다.

③ 그 외 정보원

그 밖에도 'Media Center'에서 보도 자료와 언론보도 내용을 볼 수 있으며 'Understory'라는 RAN의 공식 블로그에서도 유용한 최신 정보를 얻을 수 있다.

Sierra Club

씨에라클럽

① 기구

1) 소재지

주 소 85 Second Street, 2nd Floor, San Francisco,
94105, USA

전 화 1 415 977 5500

팩 스 1 415 977 5799

전자우편 information@sierraclub.org

홈페이지 http://www.sierraclub.org

2) 설립연혁

1882년에 미국에서 설립된 비영리민간단체로서, 공공정책결정,
입법, 행정, 사법, 선거 등을 통한 활동으로 자연환경의 보존에
헌신해 온 미국의 대표적인 환경단체이다.

3) 설립목적

지구의 야생지역을 탐험하고 보호하며 지구생태계와 자원의 책
임 있는 사용을 촉구하고 실천함을 목적으로 한다.

4) 주요사업

야생자연 보호를 위한 다양한 캠페인을 전개하고 있다. 대체
에너지 제안(Smart Energy Solutions)이나 유독성 화학물질 없
는 안전한 사회 만들기(Sage and Healthy Communities), 미국
의 야생자원 보호(American Wild Legacy) 등 보존계획(Conse-

rvative Initiative)을 비롯하여, 대통령에게 지구온난화 문제의 심각성을 알리는 캠페인부터 환경보호 입안을 추진하는 정치 및 선거 운동, 인권과 환경, 인구, 공정 무역 등에 관한 캠페인을 진행 중이다. 미국 내 이슈뿐만 아니라 국제 문제도 다루고 있다.

5) 조직

750,000명의 회원을 보유하고 있으며 미국과 캐나다에 65개의 지부를 두고 있다.

② 정보원

1) 정보배포정책

씨에라클럽(Sierra Club)의 홈페이지에 제공된 정보원은 'Inside Sierra Club' 란에서 한눈에 확인할 수 있다. 출판물은 물론, Sierra Club의 캠페인과 프로그램 활동, 조직 등이 체계적으로 정리되어 있다. 특이한 점은 출판물이 어른용과 아동용으로 구분되어 있다는 점이다. Sierra Club은 어린이들도 환경문제에 대해 쉽게 접근할 수 있도록 환경동화책들을 만들고 있다. 하지만 대부분의 단행본이 유료로서 쇼핑카트를 이용하여 주문해야 한다.

2) 정보 자료

① Sierra Club Books

위에서 언급한 대로 어른과 아동을 위한 단행본이 구분되어
있다. 신작이 우선 소개되어 있고, 키워드 검색이나 연도,
저자, 제목, 분야별로 검색이 가능하다. 전체 목록은 편집자
의 추천 도서(Editor's pick) 아래 'See all Adult Titles'를
클릭하면 된다. 알파벳순으로 정리되어 있다. 책의 일부 내
용을 녹음한 MP3 파일이나 삽화를 볼 수 있는 슬라이드
쇼 등 다양한 맛보기가 제공된다. 전문을 보고 싶다면 쇼핑
카트에 담아 온라인 구매를 해야 한다.

② *SIERRA Magazine*

격월로 발행되는 Sierra Club의 정기간행물로 매호 다른 주
제기사(Features)와 온라인상에서만 볼 수 있는 'Only on
the Web' 코너 등으로 구성되어 있다. 전문이 온라인으로
이용 가능하다. 'Sierra Archives'를 클릭하면 1995년 이전
자료를 모두 볼 수 있다. 에너지, 야생자원 등 환경 현안뿐
만아니라 웰빙 식사법, 식재료 쇼핑법 등 실생활에 유용한
정보가 제공되고 있다.

③ *The Sierra Club Insider E Newsletter*

2004년부터 한 달에 두 번 발행되는 Sierra Club의 소식지
이다. 역시 전문이 제공된다. *SIERRA Magazine*과 겹치는
기사도 있다.

④ 블로그

Sierra Club의 사무총장인 Carl Pope의 블로그 'Taking the Initiative', 그리고 'The Compass'라는 일반적인 블로그가 있어서 일반 대중과 충분한 의사소통과 논의가 가능하게 하는 역할을 하고 있다.

⑤ *The Planet*

Sierra Club에서 활동하는 환경운동가들이 직접 만드는 소식지로 1994년부터 발행해 왔다. 평균 1년에 8번 발행하며, 모든 원문을 이용할 수 있다.

UNCCD

United Nations Convention to Combat Desertification

유엔사막화방지협약

1 기구

1) 소재지

주　　소　UNCCD Secretariat P.O. Box 260129 Haus CarstanjenD－53153Bonn, Germany

전　　화　+ 49 228 / 815 2800
팩　　스　+ 49 228 / 815 2898 / 99
전자우편　secretariat@unccd.int
홈페이지　http://www.unccd.int

2) 설립연혁

1977년 케냐의 나이로비에서 개최된 유엔사막화대책협의회
(UNCOD: United Nations Conference on Desertification)는 사
막화를 막기 위한 대책협의로서 사막화방지행동계획(PACD:
Plan of Action to Combat Desertification)을 마련하였다. 그러
나 이후 1991년 유엔환경계획(UNEP)은 이러한 노력이 가시적
인 성과를 거두지 못하였다고 평가했고, 1992년 리우에서 개최
된 유엔환경개발회의에서 아프리카 국가들의 발제에 따라 국제
사회적 차원에서 사막화 현상을 방지하고자 지속력 있는 새로
운 통합적 접근방법의 필요성에 대한 합의가 이루어졌다. 리우
회의의 요청에 따라 1992년 12월 유엔총회에서 결의안 47-
/188(Resolution 47/188)이 채택되었고, 사막화방지협약을 준비
하기 위한 국제교섭위원회(INCD: Intergovernmental Nego-
tiating Committee)가 조직되어 협상작업을 계속하였다. 다섯
차례에 걸친 협상 결과 1994년 6월 17일 파리에서 사막화방지
협약이 채택되었고, 1996년 12월 26일에 발효되었다. 이 협약
은 당사국회의와 사무국을 설립하였다.

3) 설립목적

UNCCD는 일종의 국제적인 협약기구로서 심각한 사막화의 영향을 받는 국가(특히 아프리카 국가)들과 개발도상국(중국, 북한 등)의 사막화 대응능력을 향상시키기 위해 설립되었다. 사막화 피해국가에 대한 적절한 고려 및 이들 국가의 사막화 방지를 위한 지식 및 기술의 제공과 재정적 지원을 목표로 하고 있다.

4) 조직

사막화방지협약의 최고집행기구는 당사국회의(COP: The Conference of the Parties)로서, 1997년 10월 로마에서 첫 번째 회의를 개최하였으며 2년마다 정기회의가 열리고 있다. 사무국은 협약이행을 위한 업무 수행을 총괄하는 상설기구로 설치되었다.

5) 회원국

사막화방지협약에는 1994년 10월부터 1995년 10월까지 모두 115개국이 서명을 하였으며, 이들 국가 중 멕시코, 네덜란드, 이집트, 세네갈 등 50개 국가가 먼저 비준을 함에 따라 1996년 12월 26일에 발효가 되었다(50개국이 비준한 때로부터 90일 후에 발효). 2003년 5월 29일 가입한 러시아 연합을 포함하여 회원국 수는 모두 약 187개국이다(회원국 현황: http://www.unccd.iint/convention/ratif/doeif.php).

180

6) 한국과의 관계

우리나라는 1994년 10월 14일 사막화방지협약에 서명을 하고 1999년 8월 17일 비준을 하였으며, 1999년 11월 15일부터 협약이 국내에서 발효되고 있다.

7) 주요사업

협약기구로서 UNCCD는 협약이행을 총괄한다. 국가실천계획(NAPN: National Action Programmes)은 협약이행의 중요한 수단으로서 소지역실천계획(SRAP: Action Programmes on Sub-regional)과 지역실천계획(RAP: Action Programmes on Regional)에 의해 강화되고 있다. 사막화 피해당사국은 포괄적인 국가실천계획을 세우도록 되어 있는데, 이 국가실천계획의 목적은 사막화를 초래하는 요인을 파악하고 사막화 방지에 필요한 실질적 대책을 찾는 데 있다. 피해당사국은 사막화 방지를 위해 취해진 실질적 단계와 조치를 국가실천계획에 상세하게 기술하고 있다.

국가실천계획은 사막화 방지를 위한 장기적 전략을 구체화하고 그 이행을 강조하며, 지속가능한 개발을 위해 국가정책과 통합되어야 한다. 현재 아프리카, 아시아, 라틴아메리카 및 카리브해 지역, 중앙 및 동유럽, 북지중해 지역에서 실시되고 있다.

② 정보원

1) 정보배포정책

UNCCD의 정보원은 'Official Documents', 'Reports', 'News-room', 'Publications', 그리고 'Library'로 나뉘어 있다. 각각의 페이지마다 정보원의 성격에 대한 개괄적인 소개와 함께, 필요한 정보를 손쉽게 찾을 수 있도록 검색과 브라우징 기능을 갖추고 있다. 대부분의 정보 자료가 무료로 제공되며 온라인상의 원문 보기가 가능하다.

2) 정보 자료

① Official Documents

당사국회의와 그 산하 기구의 공식문헌 목록이다. 또한 1993년부터 1997년까지의 국제교섭위원회의 공식문헌 역시 등록되어 있다. 오른쪽에 위치한 스크롤바 메뉴에서 회기를 선택하면 원문을 볼 수 있다.

② Reports

당사국회의와 협약이행감시위원회(Review of the Implementation of the Convention)의 회의에 제출된 보고서들의 목록이다. 이 보고서들은 당사국회의가 어떻게 협약이행의 의무를 준수하고 있는지를 보여주며, 피해당사국, 선진국, 유엔 기구들이 작성한다. 지역에 따라 선택할 수 있으며,

각 지역 또는 타 국가나 기관이 그 지역에 대해 작성한 보
고서로 항목화되어 있으며, 하단에는 전체 목록이 있어 항
목을 클릭하면 해당 부분에 링크된다. 목록 중 다수가 원문
보기가 가능하다.

③ Newsroom
1999년부터 현재까지의 보도 자료 목록이 있다.

④ Publications
UNCCD 출판물은 UNCCD에 대한 소개나 Q&A, 용어집,
교사를 위한 교육자료 등과 사막화 현상에 대한 단행본들로
이루어져 있다. 구체적인 항목은 다음과 같다.

- *Fact Sheets*
- *Basic Facts about Desertification and the Convention*
- *Frequently Asked Questions*
- *Explanatory Leaflet*
- *UNCCD Ten Years on 2004 Anniversary Magazine*
- *UNESCO Teacher's Kit*
- *Down to Earth: A Simplified Guide to the Convention to Combat Desertification*
- *Extractive Industries in Arid and Semi‑Arid Zones*
- *Global Alarm: Dust and Sandstorms from the World's Dry Lands*
- *Prevention and Control of Dust and Sandstorms in Northeast Asia*

- *Important Dates*
- *Glossary of Frequently Used Terms and Acronyms*
- *Comic Strip*

⑤ Library

UNCCD 도서관은 단행본, 연속간행물, 보고서, 비디오, CD
-ROM 등 다양한 정보원을 보유하고 있다. 현재 'Online
Library' 서비스는 제공하고 있지 않으나, 오른쪽 메뉴에
UNCCD의 사업과 관련된 다양한 정보검색 서비스와 UN
도서관 데이터베이스, UN 정보 서비스 등 링크를 제공하고
있다.

UNCSD

Commission on Sustainable Development
유엔지속가능한개발회의

1 기구

1) 소재지

주   소 Division for Sustainable Development, Department

of Economic and Social Affairs, Two United
Nations Plaza,Room DC2－2220, New York, NY
10017, USA

전　　화　＋ 1 212－963－810

팩　　스　＋ 1 212－963－426

홈페이지　http://www.un.org/esa/sustdev/csd/review.htm

2) 설립연혁

1992년 6월 UN 환경개발회의(Rio회의)에서 Agenda 21의 이
행상황을 검토하였고, 감시할 지속가능한개발위원회(CSD: Co-
mmission on Sustainable Development)의 설치를 UN 총회에
권고(Agenda 21 제38장)하였다.

1992년 12월 제47차 UN 총회에서 경제사회이사회(ECOSOC)
산하에 CSD 설치를 결의(총회 결의안 47/191)하였다.

3) 설립목적

UN의 지속가능한개발위원회(CSD)의 사무국으로서 국제, 지역,
국가 간 기술협력과 역량강화를 통해 지속가능한 개발을 증진
하는 것이 설립목적이다. 즉 본 위원회의 활동은 Agenda 21,
요하네스버그이행안, 그리고 군소 도서 개발도상국의 지속가능
한 발전을 위한 바베이도스 활동 계획의 실행을 목표로 한다.

4) 조직

이사회 위원국은 ECOSOC 조직회에서 선출하는 3년 임기의 53개국으로 구성되어 있다. CSD 회의를 매년 1회 개최하며 2~3주간 계속된다. CSD 고위급 회의(High Level Segment)는 매년 CSD 회의 후반기에 2~3일 개최하며 정책적인 사항을 협의한다.

5) 주요사업

- Agenda 21의 이행 상황 평가 및 감시
- 재정지원 및 환경기술이전 분야 이행사항 중점 검토
- 각국 정부, 국제기구 및 민간단체의 보고서 심의
- 각종 국제환경협약의 체결 및 이행 상황 평가
- Agenda 21의 이행을 위한 국제협력의 증진

6) 한국과의 관계

1993 – 1995년 이사국으로 파견된 바 있다.

② 정보원

1) 정보배포정책

CSD의 정보원은 주제별로 일목요연하게 정리되어 있다. 'Issues'

란에서 주제별로 제공되는 온라인 정보원을 한눈에 파악할 수 있
어 편리하다. 대부분의 정보원이 HTML 형식이나 PDF 형식으로
원문이 제공된다.

2) 정보 자료

① Issues

Agenda 21과 요하네스버그 이행안에서 논의된 이슈들에 관
한 정보, 문서, 출판물들을 총망라했다. 관심 있는 이슈를
클릭하면 그에 관한 CSD의 활동 사항과 관련 문서 및 유
엔총회와 CSD 회의 결의안, 국가 보고서, 관련 홈페이지
등의 정보원을 볼 수 있다.

② National Information

CSD의 회원국이 2년에 한 번 제출하는 각국의 정보들과,
요하네스버그 정상회의를 위해 준비했던 2002년도 국가 프
로필, 국가별 평가 보고서, 그리고 1997년 국가 프로필로
이루어져 있다. 관심 있는 국가나 기관을 클릭하면 해당 정
보가 나타난다. 이와는 별도로, 회원국이 CSD에 보고하는
내용으로 구성된 'Case Studies' 데이터베이스도 이용할 수
있다. 또한 'National Information' 란에는 다음 두 가지 하
위 항목이 있다.

• National Sustainable Development Strategies
Agenda 21은 나라별로 지속가능한 개발을 위한 전략
(NSDS: National Strategies for Sustainable Development)

을 세울 것을 권고하고 있는데 'National Information' 란은 이와 관련된 별도의 페이지를 만들어, 국가 간의 결정 사항 (Intergovernmental Decisions), 사업 활동(Programme Activities), 그리고 관련 홈페이지를 제공하고 있다. 또한 회원 국의 보고를 토대로 세계지도(Global Map)를 작성하여 지속가능한 개발을 위한 세계정상회의에서 설정한 목표에 얼마나 도달했는지 진행 경과를 보여준다. 단, 모든 회원국이 보고를 하지는 않았고, 상황이 유동적이라는 것은 감안해야 한다.

- Indicators of Sustainable Development

  지속가능한 개발 지표 작성을 촉구하는 Agenda 21의 40장에 의거하여 CSD는 58개의 지표와 방법론을 도출하였다. 'CSD Theme Indicator Framework' 란에서 현재까지 도출한 지표들을 확인할 수 있다. 또한 이와 관련된 결의안들과 사업 활동, 문서 및 출판물, 관련 홈페이지 등 정보원이 제공되어 있다.

③ Documents

다음의 다섯 가지 카테고리로 나뉜다.

- Key Conferences

  1987년부터 현재까지 CSD의 주요 회의 문서 목록이다.

- Key Resolutions and Documents of the General Assembly and ECOSOC

  유엔총회와 경제사회이사회의 주요 결의안 및 관련 문서 목록이다.

- Commission on Sustainable Development

  매년 개최되는 CSD 총회의 문서 목록이다.

- Small Island Developing States

  CSD의 주요사업 중 하나인 군소 도서 개발도상국의 지속 가능한 개발에 관한 회의 문서들이다.

- Sustainable Development Issues

  CSD가 다루는 주제 분야별로 관련 회의 문서를 볼 수 있다.

④ Publications

CSD 주요 문서 및 CSD가 주목하는 환경 주제 분야들로 나뉘어 정리되어 있다. 각각의 항목을 선택하면 개괄적인 출판물 소개와 함께 다운로드 항목이 제공된다. 유료의 학술지 홈페이지로 링크되는 경우도 있다.

⑤ News/Media

CSD가 배포하는 보도 자료(2004년~현재)들과 연설 및 선언문들을 이용할 수 있다.

UNDP

United Nations Development Programme

UN 개발계획

① 기구

1) 소재지

주　　소　United Nations Development Programme One
　　　　　United Nations PlazaNew York, NY 10017 USA
전　　화　+1 (212) 906 - 5000
팩　　스　+1 (212) 906 - 5364
홈페이지　http://www.undp.org

2) 설립연혁

1965년 11월 UN(United Nations)은 제20차 유엔총회 결의 2029(XX)에 의거하여 UNEPTA와 UNSF를 통합한 UNDP (United Nations Development Programme)를 유엔 산하 기구로 설립하였다.

UNDP는 1966년 1월부터 활동을 개시하였으며, 1970년 12월 제25차 유엔총회 결의 2688(XXV)에 의거하여 현 UNDP 조직 및 활동 내용을 정식으로 규정하였다.

3) 설립목적

유엔헌장 정신에 입각한 개도국의 경제적·정치적 자립과 경제·사회발전 달성을 목표로 개도국의 국가개발 목표에 일치하는 원조를 체계적이고 지속적으로 제공함으로써 개도국의 경제 · 사회개발을 촉진 · 지원하는 것이 UNDP의 설립목적이다. 세계 최대의 다자간 기술원조 공여 계획으로서 유엔의 개발활동을 조정하는 중앙기구로 운영되고 있다.

4) 한국과의 관계

- 우리나라는 1963년 1월 UN 기술원조기구(UNTAB)와 사무소 설치 협정을 체결하여 UN과의 기술협력업무를 개시하였고, 1964년 4월 유엔특별기금(UNSF: UN Special Fund)과 협력 협정을 체결하였다.
- 1965년 11월 유엔총회 결의에 의거 UNTAB와 UNSF를 통합하여 UNDP를 설립함에 따라 우리나라는 1978년 12월 UNDP와 협력 협정을 체결하고 기존 관련 협정을 대체하였다. 동 협정에 근거하여 우리나라는 UNDP 서울사무소(대표 외 10명 근무 중)의 운영비 및 임차료를 지원받는다.
- UNDP 서울사무소: 서울 한남동 충암빌딩 3층(105평)

5) 북한과 UNDP와의 관계

- 북한은 1979년 11월 UNDP와 협력 협정을 체결하고 1980년 12월 UNDP 평양대표부를 설치 · 운영하고 있다.
- 북한에 대한 UNDP 지원 규모는 1997 – 1999년 기간 중 약 1,127만 달러이다.

② 정보원

1) 정보배포정책

UNDP는 설립목적에 부합하는 다양한 사업을 진행하고 있으며 이와 관련된 방대한 양의 출판물을 생산하고 있다. 대부분의 출판물은 인터넷으로 검색 및 구독이 가능하며 개인적이고 비상업적인 목적으로 온라인상의 정보원을 사용하는 것을 허용하고 있다. UNDP의 정보원과 배포 정책에 관한 자세한 정보는 홈페이지에서 찾아볼 수 있다. 홈페이지에서는 UNDP의 정보원을 주제별·지역별로 분류하여 상세 검색의 기회를 제공하고 있다.

① 주제별 분류(By Theme)
- Democratic Governance
- Poverty Reduction
- Crisis Prevention & Recovery
- Energy & Environment
- Information & Communications Technology
- HIV/AIDS
- Gender in Development
- Strategic Partnerships
- South‐South Cooperation
- Capacity Development

② 지역별 분류(By Region)

- Africa
- Arab States
- Asia & Pacific
- Europe & CIS
- Latin America & Caribbean

위의 홈페이지는 또한 UNDP의 주요 정보원에 대한 간략한 소개도 제공하고 있다. 현재 UNDP가 심혈을 기울이고 있는 프로젝트 성격의 출판물은 크게 *UN Millennium Project Report, Human Development Report*, 그리고 *Annual Report of the Administrator* 세 개로 나뉜다. 이들 출판물과 기타 UNDP의 정보원에 대한 개괄적인 설명은 다음과 같다.

2) 정보 자료

① 정기간행물

- **UN Millennium Project Report**

  *UN Millennium Project Report*는 새천년개발목표(MDGs: Millennium Development Goals) 달성을 위한 전략을 제시하는 보고서이다. 개요와 원문이 모두 PDF 형식으로 제공되며 *Task Force Reports* 역시 PDF 형식으로 제공된다.

- **Human Development Report**(http://hdr.undp.org)

  *Human Development Report*는 UNDP가 지원하는 독립

적인 출판물로서, 175개국의 인간발달 수준을 비교하고 개발목표 정립을 돕는 인간발달지표(HDI)를 매년 갱신해서 발표한다. 1990년 처음 발간된 이 보고서는 인간의 복지를 중시하며 세계·지역 보고서 외에도 120개국이 넘는 국가별 인간발달 보고서를 발행해 왔다. 통계 자료나 CD-ROM, 배경 보고서, HD 정기간행물 등 HD 보고서 및 HDI와 관련된 정보원이 많이 제공되고 있다.

- *Annual Report of the Administrator*

  *Annual Report of the Administrator*는 UNDP의 사명과 성과에 대한 보고서이며 알기 쉬운 UNDP 소개도 나와 있다. 현재 2001년부터 2004년까지의 *Annual Report*가 제공되고 있다.

- *Results Oriented Annual Report(ROAR)*

  ROAR는 1999년부터 140여 개국에서 수행하고 있는 UNDP의 지원 프로그램(민주적 통치 및 위기 예방과 회복 등 주요사업 포함)의 진행상황과 결과에 대한 분석을 집약해 놓은 보고서이다. MDGs 달성을 위한 UNDP의 노력에 대한 집중적인 분석이 제공되고 있다.

- *Choices*

  UNDP의 대표적인 정기간행물로서 1년에 4회 발행되며 UNDP의 주요사업 지역의 국가별 프로그램에 대해 소개하고 있다.

② 주요 단행본

- *Making Global Trade Work for People*

현재의 다문화적 국제 통상 실태를 재점검하고 이것이
인간중심의 개발(Human Development)에 공헌할 수 있도
록 개선 방안을 연구하는 단행본이다.

- **World Energy Assessment**
  현재 전 세계의 에너지원 사용 흐름에 대한 진단과 미래
  를 전망하는 보고서이다. 전문이 제공된다.

UNEP
United Nations Environment Programme
유엔환경계획

① 기구

1) 소재지

주   소   United Nations Avenue, Gigiri PO Box 30552, 00100
Nairobi, Kenya
전   화   254 20 621234
팩   스   254 20 624489 / 90
전자우편   unepinfo@unep.org

홈페이지 http://www.unep.org

2) 설립연혁

1972년, 지구환경문제를 논의하기 위해 세계 각국의 정상들이 스톡홀름에 모여 인간환경회의를 개최하였다. 이 회의에서 세계 정상들은 지구환경문제를 다루기 위한 UN 전문기구를 만들어야 한다는 데 합의한 결과 UNEP가 설립(이날을 기념하기 위해 6월 5일을 세계환경의 날로 제정)되었다. UNEP 본부는 1972년 UN 산하 기구 본부로는 최초로 제3세계 국가인 케냐 나이로비에 설치되었다.

3) 설립목적

인간 생활환경의 보호와 인간의 문화적 생활영위를 위한 환경 조성을 위하여 국제협력을 촉진할 것을 목적으로 한다.

4) 조직

UNEP는 관리이사회·환경기금·환경사무국·조사관리위원회로 구성되고, 관리이사회는 아프리카 16개국, 아시아 13개국, 중남미 10개국, 서유럽 13개국, 동유럽 6개국의 지역배분으로 58개국으로 구성되며 임기는 3년이다. 한국은 1972년 이후에 참가하였다.

5) 주요사업

주요 활동은 1986년 4월 체르노빌 원전(原電) 사고 뒤 소련에 대한 정보공개 요구, 라인 강 오염 때 국경을 넘는 오염에 대응하는 국제조약 체결을 제안하였고, 1985년 이래 오존층 파괴물질 규제 방법을 연구하여 1987년 9월 오존층을 파괴하는 물질에 대한 몬트리올의정서가 채택되었고 오존층 보호를 위한 국제협력체제가 확립되었다. UNEP의 주요사업 주제는 다음과 같다.

- 대기의 보호: 오존층
- 대기의 보호: 기후변화
- 수자원 관리
- 해양 보호
- 토양자원의 보호: 토양오염과 사막화
- 토양자원의 보호: 산림 파괴 방지
- 생물다양성 보존
- 독성 화학물질과 유해폐기물의 관리
- 개발과 삶의 질: 산업
- 개발과 삶의 질: 에너지 생산과 사용
- 개발과 삶의 질: 인간정주
- 개발과 삶의 질: 인간보건
- UNEP의 지구감시 프로그램
  - 지구환경감시시스템(GEMS: Global Environment Monitoring System)
  - 지구자원정보자료실(GRID: Global Resource Information Database)

- 잠재적유독화학물질국제감시단(IRPTC: International Register of Potentially Toxic Chemicals)
- 지구환경감시센터(INFOTERA: Infoterra Programme Activity Centre)
- 환경법 제정 후원
- 환경교육과 훈련
- 대중의 자각 촉진
- 정보교환기구(The Clearing House) 설립

② 정보원

1) 정보배포정책

- UNEP은 http://www.EarthPrint.com이라는 홈페이지를 통해 대부분의 정보 자료를 판매하고 있다.
- 1999년 UNEP의 공식 온라인 서적 판매처로서 문을 연 'EarthPrint'는 이후 많은 국제기구들의 환경관련 출판물들로 규모를 확대하여 현재 유엔 본부를 비롯한 약 16개의 국제기구와 연계를 맺고 있다. 검색창을 통해 약 4,000여건의 방대한 정보 자료를 찾아볼 수 있으며 국제기구마다 별도의 검색도 가능하다.
- 신간 자료들의 정보와 UNEP 회의 및 사업 관련 보고서들은 UNEP 홈페이지의 'Publications' 란에 나와 있다.

2) 정보 자료

① 주요 발간 서적

- ***After the Tsunami: Rapid Environmental Assessment***

  이 보고서는 UNEP과 각국 환경 부처들의 긴밀한 협력의 결과물로 지진해일의 파급력에 대한 실제적인 분석을 제공한다. EarthPrint.com에서 주문하거나, UNEP 홈페이지 상에서 원문을 다운받을 수 있다.

- ***GEO Yearbook 2004/5***

  UNEP의 대표서적인 *Global Environment Outlook(GEO)* 의 시리즈물로 지속가능한 발달에 대한 정책결정자들을 위한 지침서이다. EarthPrint.com에서 주문하거나, UNEP 홈페이지 상에서 원문을 다운받을 수 있다.

- ***UNEP Annual Report 2004***

  *UNEP Annual Report 2004*는 2004년 한 해 동안 UNEP의 사업과 성과를 돌아본다. 협력의 시대(The Age of Partnerships)나 자연자원의 보호(Protecting Natural Resources) 장에서는 지속가능한 개발을 증진하고 인간 사회의 바탕이 되는 환경자원을 보호하기 위해 시민단체나 사기업, 국제기구, 그리고 정부와 어떻게 협력해 나갈 것인가에 대한 논의가 펼쳐진다.

  EarthPrint.com에서 주문하거나, UNEP 홈페이지 상에서 원문을 다운받을 수 있다.

② 이용자별 정보서비스

- Resources For Government Officials

  정부 각료를 위한 정보서비스에서는 정부대표위원회(Gove-
  rning Council)와 세계 장관급 환경 포럼(Global Minis-
  terial Environment Forum), 조직도, 각국 환경부 관련 정
  보 외에도 UNEP이 주관하는 정부 간 회의, 선언에 관한
  주요 문헌과 연간보고서 등을 원문으로 제공하고 있다.

- Resources for Scientists

  과학자들을 대상으로 제공되는 UNEP의 정보서비스는
  UNEP의 과학 관련 정책 소개, 'Science Centres', 세계
  환경 전망, 그리고 지도와 그래픽 등으로 이루어져 있다.
  각 메뉴의 이용은 홈페이지로 들어가서 해당 메뉴를 클
  릭하면 된다. 이 중 'Science Centres'가 제공하는 GRID
  라는 정보 센터를 간단히 소개한다.

  - UNEP Global and Regional Integrated Data(GRID)
    Centres

    GRID는 환경문제와 천연자원 문제에 초점을 맞춘 지
    리적인 통계 자료와 정보시스템의 제작과 배포를 위
    해 구축된 세계적인 네트워크이다. 환경 자료 관리,
    장거리 인식 · 지리정보시스템 등 정보 기술을 이용하
    여 환경 평가를 수행한다.

- Resources for Business Persons

  기업가들을 위한 정보서비스에는 'Publications' 란을 별도
  로 두어 여러 주제에 따라 정보 자료들을 분류하여 제공
  하고 있다. 주제 분류는 다음과 같다.

- Chemicals
- Economics and Trade
- Energy
- Cleaner Production
- Finance
- Industry
- Sustainable Consumption
- Tourism
- Transport

기업들을 위한 UNEP 정보 자료 목록과 원문 역시 홈페이지에 소개되어 있다.

- Resources for Civil Society

시민단체들을 위해서 UNEP은 세계시민단체포럼(Global Civil Society Forum) 안내, 시민단체 참가 요령, 시민단체 목록 등 정보 외에도 'Documents and Recommendations', 'Publications' 등 문헌 자료들도 제공하고 있다.

- Documents and Recommendations

이곳에는 시민단체들의 제안과 선언 등 각종 문헌들이 정리되어 있다. 원문 보기가 가능하다.

- Publications

'Publications' 란에 소개되어 있는 시민단체를 위한 출판물 목록은 다음과 같으며, 원문 보기가 가능하다.

  ○ *Natural Allies: UNEP and Civil Society*
  ○ *Women and the Environment*
  ○ *Cultural Diversity and Biodiversity for Sustainable*

Development

◦ *TUNZA − The UNEP Magazine for Youth*

◦ *Civic Entrepreneurship: A Civil Society Perspective on Sustainable Development*

◦ *Our Planet Magazine*

◦ *Resources for Children and Youth*

아동과 청소년으로 나뉘어 각각의 눈높이에 맞춘 정보 서비스를 제공하고 있다. 'Treat with Care'라는 뜻의 하와이어인 TUNZA라고 이름 붙여진 독립적인 홈페이지로 운영되며, 아동용과 청소년용 홈페이지 둘 다 'Publications' 란에 환경에 관한 동화나 정기간행물, 환경보존에 대한 기초문헌, 그리고 UNEP 주요 간행물들의 목록과 원문 보기 서비스를 실시하고 있다. 청소년용에는 'Multimedia' 란에 UNEP과 환경관련 사진 갤러리도 있다.

UNEP − WCMC

United Nations Environment Programme World Conservation Monitoring Centre

UN 환경계획 − 세계보존모니터링센터

① 기구

1) 소재지

주　　소　UNEP－WCMC, 219 Huntingdon Road, Cambridge
　　　　　CB3 0DL, UK
전　　화　＋44 (0)1223 277314
팩　　스　＋44 (0)1223 277136
전자우편　info@unep－wcmc.org
홈페이지　http://www.unep－wcmc.org

2) 설립연혁

1979년 국제자연자원보호연맹(IUCN)이 UNED-WCMC의 전신
인 멸종 위험에 처한 종(species) 관리를 위하여 캠브리지 연구
소를 설립하였다.

이를 발전시켜 1988년에 IUCN, WWF, UNEP의 연대하에 세
계보전모니터링센터를 설립하였다.

2000년 UNEP의 세계적 생물의 다양성에 대한 정보와 평가 센
터로서 재발족, 현재 UNEP의 생물다양성 평가와 정책실행 부
서로 정착하였다.

3) 설립목적

UNEP－WCMC는 생물다양성의 다양한 가치를 평가하고 강조

하며, 생물다양성에 관한 권위 있고 국제적인 지식을 각국 정부, 기업, 기관들에 제공하여 정책 및 의사결정에 반영되도록 하는 것을 목적으로 한다.

4) 주요사업

- 여러 가지 경향들을 알아보기 위하여 지구상의 생물의 다양성에 대한 평가와 분석
- 생물의 다양성 보존과 고갈됨 없이 이용할 수 있는 관리를 촉진하기 위하여 국가적, 지역적, 그리고 국제적인 수준에서 정책과 협약을 위한 지원
- 대중들의 인식, 교육, 능력개발, 그리고 협력을 위한 전문적 기술, 도구, 정보를 제공
- 광범위한 지식과 분석적인 서비스에 용이하게 접할 수 있는 지식관리
- 보존과 정보교환을 촉진하기 위하여 통신망과 공동연구를 확립

② 정보원

1) 정보배포정책

UNEP - WCMC가 정보 제공 및 평가 센터의 기능을 수행하고 있는 만큼, 홈페이지에서 생물다양성에 관한 방대한 정보원 및 쌍방향적인 정보서비스를 제공하고 있다. 특히 쌍방향적인 세

계지도나 데이터베이스를 통해 세계적인 생물다양성의 현황을
한눈에 파악할 수 있도록 했다. 대부분의 메뉴 항목이 자체적
인 홈페이지를 갖추고 있을 만큼 정보원의 종류와 규모가 상당
하다. 메뉴마다 정보원 섹션을 별도로 제공하므로, 특정 관심
분야가 있을 경우에는 그 분야를 선택하여 정보원 검색을 편리
하게 할 수 있다. 본 서에서는 UNEP-WCMC가 주력하는 정
보원 및 정보서비스를 중심으로 설명하도록 한다.

2) 정보 자료

① Databases

UNEP-WCMC의 메뉴 곳곳을 살펴보면 각각의 항목마다
자체적인 정보원의 규모가 상당하다는 것을 알 수 있다. 우
선 다음의 데이터베이스가 제공된다.

• Parks & Protected Areas

'Parks & Protected Areas' 메뉴의 하위 항목으로 'World
Database on Protected Areas'(보호구역에 관한 데이터베
이스-WDPA)가 있다. WDPA는 자체 홈페이지를 갖추고
있으며, 각각의 보호구역의 상태와 주변 환경, 관리에 관
한 정보를 제공한다. 세부 항목은 아래와 같다.

- Consortium

2002년 WDPA 컨소시엄이 개설된 이래로 매년 GIS
형식의 업데이트 버전을 발표하고 있다. 컨소시엄에 관
한 정보와 회의 문서를 이용할 수 있다.

- Search for Sites

WDPA가 포괄하는 110,000여 개의 보호구역에 관한
법적 사항, 구역명, 위치, 설정연도, 크기 등 정보를 알
수 있다. 국가, 국제협약/프로그램, 구역명 등의 항목에
따라 검색할 수 있다.

- Download

   WDPA 최신판을 다운로드할 수 있는데 비상업적인 목적
   으로 사용한다는 간단한 사용 요청서를 작성해야 한다.

- Statistics

   보호구역에 관한 이해를 높이고 WDPA의 자료를 분석
   하는 데 도움이 되는 통계 자료를 정리해 놓았다.

- Definition & Categories

   보호구역의 정의와 나라별 보호구역의 정의, 관련 국제
   협약 및 프로그램에 관한 안내가 제공되고 있다.

• International Policy

   'International Policy' 란에는 'Species Database'가 있는
   데, 다음의 두 개의 데이터베이스로 나뉜다.

   - UNEP-WCMC's Species Database

      국제적인 환경협약에 의해 보호받는 종이나 보존할
      중요성이 있는 종들에 대한 정보를 담은 데이터베이
      스이다. 보존 대상으로 분류되는 동물 74,145종과 식
      물 88,761종 및 아종, 가계, 이명 등에 관한 정보를
      제공한다. 국가별, 혹은 종명으로 검색할 수 있다.

   - CITES Trade Database

      생태계에 멸종의 위험을 야기했던 국제통상에 관한
      자료를 검색할 수 있는 데이터베이스이다. 약 6백만

건의 야생생물구역에서 이루어진 통상 기록과 CITES
가 정리한 약 30,000개의 생물 분류군명을 집결한 독
특한 정보원이다.

② Interactive Maps(IMapS)

쌍방향적인 지도 정보서비스로 보호구역이나 육종(breeding)
지역, 종(species) 등 환경감수성 항목별 전반적인 정보와
특정 지역 정보, 배경 지식 등을 총망라하며, 이용자 스스
로 관심 분야에 따라 지도를 구성할 수 있도록 한다. 초보
자를 위해 사용 방법을 안내하는 'IMapS Tutorial'도 제공
한다. 다음과 같은 종류가 있다.

- Atlas Maps
  - Biodiversity
  - Great Ape
  - Seagrass
  - Coral
  - Mangrove
- Indian Ocean Marine Turtles
- Waterbird Migration Routes
- Caspian Sea
- Black Sea
- Caribbean
- Mediterranean

③ Global Biodiversity Atlases

UNEP - WCMC의 다양한 세계지도 정보원은 'Global Bio-diversity Atlases' 란이나 'Publications' 란에서 이용할 수 있다. 이 세계지도들은 세계적으로 분포되어 있는 독특한 생태계에 대한 최신 연구, 지리적 분포에 관한 분석 및 위험성과 변화상태 파악 등을 종합적으로 제공하는 정보원이다. 대부분 유료로 제공되지만 JPG 형식의 샘플 이미지는 무료다. 세부적인 분류는 다음과 같다.

- World Atlas of Biodiversity
- World Atlas of Great Apes
- World Atlas of Seagrasses
- World Atlas of Coral Reefs
- Conservation Atlas of Tropical Rainforests
- World Mangrove Atlas

④ Emergency Responses

UNEP - WCMC는 자연재해나 인재에 대한 긴급대처 요령에 대한 정보서비스를 운영하고 있다. 재해에 대한 대비 역량을 강화하기 위한 환경보존 관련 정보 제공이 그것으로, 위에서 살펴본 IMapS의 형식으로 제공된다. 'Caspian Sea', 'Black Sea', 'Caribbean', 'Mediterranean' 등 지역별 지도 서비스뿐만 아니라 '2004/5 Asia Tsunami'라는 2004 - 2005년 아시아 지진해일과 관련된 IMapS도 제공하고 있다.

⑤ Publications

    'Publications' 란에 제공된 정보원 중 위에서 언급되지 않은 항목을 소개하면 다음과 같다.

- UNEP - WCMC Biodiversity Series

    UNEP - WCMC가 독자적으로, 혹은 외부 기관과 협력하여 수행하는 프로젝트의 결과보고서 목록이다. 모두 PDF 형식의 원문을 다운로드할 수 있으며 인쇄본 구입처 정보가 게재되어 있다.

- WCMC Biodiversity Bulletins

    생물다양성 보존의 우선순위들에 초점을 두고 UNEP - WCMC가 수행하는 세 연구에 대한 개요다. PDF 형식의 원문이 제공된다.

- Earlier WCMC Biodiversity Series

    UNEP - WCMC가 과거 IUCN, WWF, UNEP 등 기관과 협력하여 수행했던 프로젝트 결과보고서이다. 역시 원문이 제공되며 인쇄본 구입이 가능한 경우는 구입처 링크가 되어 있다.

- Other Publications

    UNEP - WCMC이 정보 이용자/공급자와 협력하여 완성한 출판물 목록이다. PDF 형식의 원문이 제공되거나 구입 정보가 나와 있다.

- Search Library Catalogue

    제목, 저자, 출판연도 등 검색어를 입력하여 직접 UNEP - WCMC 출판물을 검색할 수 있다.

UNFCCC

United Nations Framework Convention on Climate Change

유엔기후변화협약

① 기구

1) 소재지

주　　소　Haus Carstanjen Martin‐Luther‐King‐Strasse 8 D‐53175 BonnGermany Mailing address: P.O. Box 260124, D‐53153 Bonn, Germany

전　　화　49 228 815 1000

팩　　스　49 228 815 1999

전자우편　secretariat@unfccc.int

홈페이지　http://unfccc.int

2) 설립연혁

유엔기후변화협약(UNFCCC)은 생물다양성협약과 함께 1992년 6월 리우회담에서 채택되었고, 1994년 3월 21일 발효되었다.

3) 설립목적

지구온난화 방지를 위해 온실가스의 인위적 방출을 규제하기 위한 협약이다. 지구온난화 현상은 정도의 차이는 있지만 모든 나라에 책임이 있으므로 능력에 따라 의무를 부담하되, 지금까지 에너지를 많이 사용해 왔고 기술적, 경제적 능력이 있는 선진국이 선도적 역할을 하면서 개도국의 사정을 배려한다는 원칙을 세웠다.

당사국들을 부속서 I 국가(선진국)와 부속서 II 국가, 기타 국가(개도국)로 구분하여 각기 다른 의무를 부과하고 있다. 부속서 I 국가는 협약 채택 당시 OECD 24개국 및 EU와 동구권 국가 등 35개국이었으나 제3차 당사국총회(COP3)에서 5개국(크로아티아, 슬로바키아, 슬로베니아, 리히텐스타인 및 모나코)이 추가로 가입하여 현재는 40개국이다.

부속서 II 국가는 부속서 I 국가에서 동구권 국가가 제외된 국가군으로 OECD 24개국과 EU이다. 모든 당사국은 온실가스를 줄이기 위한 국가 전략을 수립, 시행하고, 이를 공개해야 하며, 통계 자료와 정책이행에 대한 보고서를 협약하여 당사국총회(COP: Conference of the Parties)에 제출해야 한다. 협약체결 당시 OECD 회원국이었던 24개 선진국(부속서 II 국가)은 개도국에 대한 재정지원 및 기술이전 의무를 가진다. 여기에 동구권 국가를 합한 38개 부속서 I 국가군은 자국의 온실가스 배출량을 2000년까지 1990년 수준으로 감축하기 위해 노력하되, 감축목표에 관한 의정서를 제3차 당사국총회(COP3)까지 마련하기로 결정하였고, 이에 따라 1997년 12월에 「교토의정서(Kyoto Protocol)」가 채택되었다.

4) 주요사업

- 각국의 온실가스 배출, 흡수 현황에 대한 국가통계 및 정책 이행에 관한 국가 보고서 작성
- 온실가스 배출 감축을 위한 국내 정책 수립 및 시행
- 온실가스 배출량 감축 권고

② 정보원

1) 정보배포정책

UNFCCC 홈페이지의 'Documentations' 란에 보면 1991년부터 UNFCC와 교토의정서의 일환으로 발행된 모든 공식문헌과 관련 문헌들을 홈페이지상에서 이용할 수 있다.

2) 정보 자료

① Documentations

'Documentations' 첫 페이지에는 섹션에 대한 소개와 함께 왼쪽 메뉴에 정보원 종류를 정리해 놓았다. 오른쪽 메뉴에는 가장 최근 발표된 문헌과 보고서들의 목록이 있다. 또한 하단의 'Tips'를 통해 'Documentations' 페이지의 구성과 편리하게 문헌을 찾을 수 있는 방법을 소개하고 있다.

- Decisions

  당사국총회(COP)는 매년 만나서 협약의 실행을 점검하고 협약 준수와 규정 보완을 위해 결정과 결의안(Decisions and Resolutions)을 채택하여 COP 보고서를 작성한다. 'Decisions'에서 이 COP 보고서를 회의별로 검색하고 원문을 볼 수 있다. 예를 들어 제7차 회의의 COP 보고서를 보고 싶다면 검색창에 COP 7이라고 입력하면 된다. 혹은 결정과 결의안 제목을 입력해도 된다.

- Documents

  'Documents'에는 자주 요청받는 문헌, 나라 간 교신, 집중 검토서, 나라별 제출자료, 현황 보고서, 그리고 전체 문헌 목록 등이 포함되어 있으며, 검색기능을 통해 필요한 문헌을 찾을 수 있다. 'Documents'의 하위항목으로 회의별, 연도별, 문헌기호별 상세 검색 기능이 제공되며 'Document List'에는 위에서 열거한 문헌종류별로 접근이 가능하고, 'Subject Headings'을 통해 알파벳순으로 정렬된 주제어를 통한 검색도 가능하다. 마지막으로 'Introductory Guide to Documents'에는 문헌기호에 대한 소개가 나와 있다.

- Webcasts & Videos

  당사국총회나 산하 기구 회의의 동영상이 각 회의마다 제공되고 있다.

- Workshops Documentation

  당사국총회나 산하 기구 결정에 따라 시행되는 워크숍들에 대한 정보이다. 주제, 참가인, 보고서, 발표, 회의록 등이 'UNFCCC Calendar' 란에 게재되어 있다.

② Press

보도 자료, 행사일정, 멀티미디어, 미디어 활동 등의 항목에
따라 언론 관련 정보원이 제공되고 있다.

UN－HABITAT

United Nations Center for Human Settlement

UN 인간정주센터

① 기구

1) 소재지

주   소 UN－HABITAT. P.O. Box 30030, GPO, Nairobi,
00100, Kenya

전   화 (254－20) 7621234

팩   스 (254－20) 7624266/7624267/7624264/7623477/624060

전자우편 infohabitat@unhabitat.org

홈페이지 http://www.unhabitat.org

2) 설립연혁

1972년 6월 스톡홀름 UN 인간환경회의에서 HABITAT 재단설
치 권고 후 1974년 12월 제29차 UN 총회 결의에 따라
HABITAT 재단이 설치되었고, 1977년 12월 제32차 UN 총회
결의에 따라 UN 인간정주센터가 정식으로 설립되었다.

3) 설립목적

UN-HABITAT는 전 인류에게 적절한 안식처를 제공한다는
목표 아래 사회적 · 환경적으로 지속가능한 도시 및 마을 건설
을 장려하고자 설립되었다.

4) 주요사업

- UN 체제 내에서 인간정주 관련 활동의 촉진 및 조정
- 인간 정주에 관한 정책 및 프로그램의 개발과 기술적 · 재정적
  지원

5) 조직

인간정주위원회(Governing Council)가 최고 의사결정기구로서,
58개 이사국으로 구성되어 있다. 2년에 한 번 정기회의를 개최
하여 UN-HABITAT의 활동방향을 설정하고 정책지침을 제공
하며 업무 프로그램 및 예산을 승인한다. UN-HABITAT의
사무국은 케냐 나이로비에 위치해 있으며 사무총장(Executive

Director)의 지휘 아래 지역 및 기술협력 부서(Regional and Technical Cooperation Division), 모니터링 및 조사 부서(Monitoring and Research Division), 정주 및 지속가능한 안식처 개발 부서(Shelter and Sustainable Human Settlements Development Division) 등으로 나뉘어 있다.

6) 한국과의 관계

우리나라는 1996년 UN‒HABITAT의 이사국(1997‒2000)에 피선되었으며, 자발적 기여금으로 매년 19,000 달러를 납부하고 있다. 현재 건설교통부 주택국이 UN‒HABITAT의 국내 담당처이다.

2 정보원

1) 정보배포정책

UN‒HABITAT의 홈페이지는 'Publications'과 'Resources' 란에서 다양한 온라인 정보원을 제공하고 있다. 정보원의 온라인 판매 서비스가 활성화되어 있어 손쉽게 원하는 정보원을 구입할 수 있다.

2) 정보 자료

① Publications

우선 정기구독을 통해 UN‒HABITAT의 연간 출판물 컬렉션을 모두 이용할 수 있는 서비스를 제공하고 있다. 연 300 US 달러의 구독료로 도서관이나 협력 기관들을 주요 대상으로 하는 서비스로서 UN‒HABITAT의 연간 출판물을 편리하고 신속하게 이용할 수 있다. 총 출판물 목록은 EXCEL이나 PDF 형식으로 볼 수 있다. 모든 출판물은 쇼핑카트 시스템을 통해 손쉽게 카트에 담아 구입할 수 있으며, 이때 간단한 가입 절차가 필요하다. 출판물은 우선 형식에 따라 다음과 같이 구분되어 있다.

• Books

'Full Listing'을 클릭하면 알파벳순으로 연차 보고서부터 주제별 심층보고서까지 모든 단행본 자료가 나열된다. 연차보고서 등 무료로 제공되는 정보원도 상당수 있다. 각 자료를 클릭하면 상세 정보와 함께 감상평을 등록할 수 있다.

• Videos

주로 UN‒HABITAT의 현지 프로그램 활동을 보여주거나 개발도상국의 환경, 위생, 도시 개발 등 실상을 진단하는 다큐멘터리 형식이다.

• Periodicals

*HABITAT Debate*라는 정기간행물과 뉴스레터, 기타 연속 간행물들의 목록으로 원문을 무료로 이용할 수 있다.

- Promotional Material

UN‑HABITAT의 다양한 프로그램과 사업 활동을 소개하는 홍보 책자 목록이며 역시 무료로 이용할 수 있다. '지속가능한 개발을 위한 접근(SCP: Sustainable Cities Programme) 프로그램의 경험'이라는 한국어 책자도 원문이 제공된다.

위의 네 형식 중 하나를 먼저 선택한 후에 홈페이지 화면 왼쪽에 있는 검색 메뉴를 통해 상세 검색을 수행할 수 있다. 제목, 국가, ISBN, 연도 등 정보를 입력하여 검색할 수 있으며, 주제별 검색도 제공된다. 각 주제분야는 아래와 같다.

- 경제개발 및 재정(Economic development and finance)
- 환경(Environment)
- 정보 및 모니터링(Information and monitoring)
- 토지 및 주택(Land and housing)
- 위험 및 재난 관리(Risk and disaster management)
- 사회적 통합(Social inclusion)
- 도시개발 및 관리(Urban development and management)
- 수자원 위생 및 기반시설(Water sanitation and infrastructure)

가령, Books 형식을 선택한 후에 환경(Environment) 주제를 선택하면 환경 주제를 다루고 있는 단행본 목록만 나타난다.

② Resources

'Reference Library'와 'Discussion Forums' 두 개의 항목으

로 나뉜다.

- Reference Library

  선언, 결의안, UN-HABITAT 보고서, 통계 자료, 훈련
  자료 등의 정보가 집결되어 있다. Library의 구성은 위의
  'Publications' 란과 동일하여, 일단 정보원 형식으로 구분한
  후, 검색 메뉴를 통해 상세 주제검색이 가능하다. Reports,
  Guides, Declarations, Resolutions, General Assembly
  Resolutions 등 자료로 세분화되어 있으며, 주제검색 분야
  는 'Publications'와 동일하다.

- Discussion Forums

  이용자들이 서로 의견을 등록하고 교환할 수 있는 온라인
  포럼으로서 Housing, UN-HABITAT-Looking forward,
  Water and Sanitation, World Urban Forum III, Youth 등
  대주제 아래 다수의 토픽 방이 개설되어 있다.

WBCSD

World Business Council for Sustainable Development
세계지속가능발전기업협의회

1 기구

1) 소재지

주　　소　World Business Council for Sustainable Developm
　　　　　ent (WBCSD), 4, chemin de Conches, 1231Conches
　　　　　Geneva, Switzerland
전　　화　+41 (22) 839 3100
팩　　스　+41 (22) 839 3131
전자우편　info@wbcsd.org
홈페이지　http://www.wbcsd.ch

2) 설립연혁

산업계 유일의 국제적인 환경기구로서, 기업 활동과 지속가능
한 발전의 상생관계가 가능하다는 믿음 아래 1991년 처음 발
의되었다. 1992년 리오지구정상회담에 참가한 50여 개 기업의
CEO들이 모여 지속가능한 발전을 위한 기업협의회를 제안하
였고 1995년 스위스 제네바에 본부를 설립하였다.

3) 설립목적

WBCSD는 경제성장과 생태계 균형, 그리고 사회구조 개선을
통해 지속가능한 발전을 실현하는 것을 목적으로 하고 있다.

4) 주요사업

회원들이 선정한 주력 분야(Focus Area)인 에너지와 기후(Energy & Climate), 개발(Development) 및 기업의 역할(Business Role)을 중심으로 사업을 진행한다. 각각의 주력 분야에는 FACT(Focus Area Core Team)라는 CEO들로 구성된 정책자문단이 있다. 그 외에 WBCSD의 기금으로 진행되는 프로젝트와 일부 회원들이 단기적으로 진행하는 이니셔티브(initiative), 여러 기업 회원들과 협력기관이 함께 담당하는 섹터 프로젝트 등이 있다.

5) 조직

180여 개의 다국적 기업들이 참여하고 있으며 회원은 30여 개국 출신으로 20여 개의 산업분야에 분포되어 있다. 또한 50여 개 이상의 국가 지역별 기업협의체와 협력 기관으로 이루어진 네트워크를 구축했다. 본부에는 50여 명의 상주직원이 있다.

② 정보원

1) 정보배포정책

WBCSD의 온라인 정보원은 홈페이지의 'Publications & Reports' 란에 집중적으로 소개되어 있다. 각 'Focus Area' 항목에도 'Publications' 란이 있어 주제별로 출판물 확인도 가능하다.

2) 정보 자료

① Publications & Reports

우선 연도별로 주요 출판물이 'Core Publications'라는 이름
으로 정렬되어 있다. 각 출판물을 클릭하면 자세한 출판정보
와 내용설명, PDF 형식의 원문이 제공된다. 또한 'Publi-
cations & Reports' 페이지의 오른쪽 메뉴를 보면 'Annual
Reviews', 'Books', 'Sustain Quarterly'의 세 항목으로 전체
출판물을 분류해 놓았다. 자세한 사항은 아래와 같다.

• Annual Reviews

1999년부터 현재까지 매년 발간된 연차보고서 목록이다.
각 보고서마다 특정 주제를 다루고 있으며, 원문이 제공
된다.

• Books

기업 운영상의 환경 효율성, 지속가능한 발전을 위한 재
정마련 등 기업계가 지속가능한 발전을 위해 할 수 있
는 노력들에 대한 내용을 다루고 있는 단행본들의 목록
이다. 단행본은 출판정보와 내용설명이 제공되며 원문을
보려면 주문을 해야 한다. UNEP의 공식 온라인 도서판
매 홈페이지인 Earthprint.com을 비롯하여 출판물마다
각각의 주문 홈페이지로 연결되어 있다.

• *Sustain Quarterly*

2002년부터 발간된 WBCSD의 뉴스레터이다. 기간호의
전문을 홈페이지상에서 제공한다.

② Case Studies

기업들이 지속가능한 발전을 위한 노력을 사업 활동에 성공
적으로 통합시킨 사례에 대한 연구보고서이다. 출판연도나
해당 기업별로 보고서 목록을 정렬할 수 있다. 역시 각
'Focus Area' 항목마다 주제에 맞게 'Publications'와 함께
정리되어 있다. 누구나 전문을 읽을 수 있다.

③ 그 외 정보원

'Focus Areas', 'Projects/Initiatives', 'Sector Projects' 등 각
항목마다 제공하는 문서 정보원이 있다. 'Publications와 Case
Studies' 외에 프로젝트 문서(Project Documentation), 실행문
요약자료(Executive Brief), 외부 문서(External Documents),
연설문(Speeches), 관련 콘텐츠(Related Contents) 등 각 프로
젝트를 진행하면서 생산한 문서 정보원들이 체계적으로 정리
되어 있다. 대부분 원문도 이용 가능하다. 특정 주제에 대한
정보원을 찾을 때에는 주제 항목으로 접근해서 관련 정보원을
한눈에 찾아볼 수 있다. 오른쪽 상단에 있는 키워드 검색 기
능을 사용할 수도 있다.

WMO

World Meteorological Organization
세계기상기구

① 기구

1) 소재지

주   소   7bis, avenue de la Paix,Case postale No. 2300C −
1211, Geneva 2 Switzerland

전   화   + 41 22 730 8111

팩   스   + 41 22 730 8181

전자우편   wmo@wmo.int

홈페이지   http://www.wmo.int

2) 설립연혁

WMO의 전신은 국제기상기구(IMO: International Meteo-
rological Organization)로서, 이것은 1873년 여러 나라의 기상
청 책임자로 구성된 비정부조직체이다. 1947년 IMO의 이사회
에서 새로운 기구를 설립할 것을 제안하는 세계기상협약을 채
택했고, 1951년부터 WMO가 활동하기 시작했다.

3) 설립목적

유엔 특별기구인 WMO는 세계적인 기상관측체제의 수립, 관측
의 표준화 및 국제적인 교환, 타 분야에 대한 기상학의 응용,
그리고 저개발국에서의 국가적 기상 서비스의 개발을 추진하기
위해 설립되었다.

4) 조직

회원국 대표들로 구성되는 WMO 총회는 최소한 4년마다 소집
되며 일반 정책을 입안하고 법규를 채택한다. 29명으로 이루어
진 집행위원회는 최소한 1년에 1번씩 소집되며 일반적인 정책
을 실행한다. 제네바에 본부를 두고 있는 사무국은 행정조직의
중심적인 기능을 담당한다. 또한 이 기구에는 6개의 지역협의
체가 있어서 해당 지역의 특수한 문제를 토론한다. 다양한 기
술위원회가 조직되어 기상학의 농업·항공학·수자원·오염규
제·해양학 및 그 밖에 다른 분야에의 적용을 연구하고 있다.

5) 주요사업

WMO는 세계기상 감시, 수자원 개발 사업 등의 지원, 각종 기
상업무지침, 개발도상국의 기술지원, 기술보고 등의 사업을 수
행하고 있다.

② 정보원

1) 정보배포정책

WMO의 정보원은 주로 'Publications'와 'Library' 란에 소개되
어 있다. 'News Centre'에서는 보도 자료 등 언론관련 정보원
이 제공되고, 'Meteaworld'라는 뉴스레터 항목도 있다. 상세 검

색 기능이나 항목 구분이 미비한 점이 있어서 자료 찾기에 어려움이 있다. 또한 대부분의 출판물이 온라인 원문 보기가 지원되지 않으며 직접 구입신청을 해야 하는 인쇄본으로만 제공된다.

2) 정보 자료

① News Centre

보도 자료, 언론공지, 연설문, 비디오 자료 등 정보원이 제공된다. 보도 자료, 연설문 등은 'Archives'에서 1997년부터 현재까지의 목록을 볼 수 있다. *El Niño Outlook*이라는 엘니뇨현상에 대한 분석과 전망을 담은 연속간행물도 2003년부터 현재까지의 발간호가 원문으로 정리되어 있다.

② Meteaworld

WMO 사업 보고와 행사 일정, 언론 기사 등 내용을 담은 WMO 소식지이다. 2004년 12월부터 현재까지의 발간호가 정리되어 있다.

③ Publications

WMO의 'Publications' 페이지는 먼저 사용언어를 선택하도록 되어 있다. 영어를 클릭하면 왼쪽의 스크롤바 메뉴가 생성되며 출판물 목록을 보여준다. 출판물의 전반적인 구분이 없고 전체 목록이 나열되어 있으므로 이 중 주요 출판물들을 소개하기로 한다.

226

- *WMO Bulletin*

  *WMO Bulletin*은 WMO의 대표적인 연속간행물로서 1년
  에 4회 영어, 스페인어, 불어, 러시아어 등으로 발간된다.
  WMO의 행사와 사업 현황뿐 아니라, 저명한 과학자 인터
  뷰, WMO의 사업과 관련된 주제 기사들로 구성되어 있
  다. 인쇄본 구독 신청 방법도 소개되어 있으며 최근 간행
  물들의 전문을 PDF 형식으로 제공하고 있다.

- *World Climate News*

  WMO의 연속간행물로서 온라인상에서 1997년부터 현재
  까지의 원문을 볼 수 있다.

- 나머지 목록은 WMO 기본 문서나 기술 규정문, 보고서,
  용어집, 사례집, 출판물 목록이나 소책자 등 가격을 지불
  하고 인쇄본을 주문해야 하는 출판물들이다. 각 출판물을
  클릭하면 간단한 소개와 가격 등의 서지정보가 제공되며,
  원문을 보고 싶으면 하단의 'How to Order'를 클릭해서
  PDF 형식의 주문양식을 기입해서 보내야 한다.

④ Library

- 'WMO Technical Library'는 WMO 직원들, 기상 전문가,
  유엔 직원들을 위한 도서관이다.
- 'Library Catalogue'는 자료 검색 서비스이다. 간략 검색,
  상세 검색 등 원하는 대로 검색 서비스를 이용할 수 있다.
  원문은 제공되지 않으나 서지정보를 확인할 수 있다.
- 'Newspaper Online'은 WMO가 자체적으로 선정한 신문사
  들의 온라인 홈페이지 링크를 제공하고 있다.

• 'Periodicals Collection'은 WMO가 소장하고 있는 정기간
행물들의 목록이다. 각 정기간행물의 홈페이지 링크도 제
공한다.

Worldwatch

World Watch Institute

월드워치연구소

① 기구

1) 소재지

주　　소　Worldwatch Institute, 1776 Massachusetts Ave.,
　　　　　N.W.Washington, D.C. 20036 − 1904, USA

전　　화　1.202.452.1999

팩　　스　1.202.296.7365

전자우편　worldwatch@worldwatch.org

홈페이지　http://www.worldwatch.org

2) 설립연혁

Worldwatch는 1974년 록펠러재단의 후원을 받아 Lester Brown에 의해 설립되었다.

3) 설립목적

Worldwatch는 지구적 차원의 환경적 위협에 대한 대중의 인식을 높임으로써 환경문제 해결을 위한 새로운 '정책'과 근본적 '변화'를 지지하게 만드는 것을 목적으로 하고 있다.

4) 주요사업

각종 연구와 출판활동을 통해 세계 주요 이슈들을 사실적이고 정확하게 분석하여 근본적인 원인과 실제적 해결책을 밝힌다. 실제로 World Watch Institute는 예산의 1/3을 출판물 판매 및 강연료로 충당하고 있다.

② 정보원

1) 정보배포정책

World Watch Institute는 출판 판매 사업이 주력사업으로 홈페이지를 통해서 활발히 전개하고 있다. 정식 출판물은 유료 및 무료로 구분되며 홈페이지에서 제공되는 문서 정보원은 별도로 구분하고 있다.

2) 정보 자료

① Publications

World Watch Institute의 출판물들은 World Watch Institute 가 세계최대의 환경단체로 인정받는 대표적인 자산이다. 홈 페이지 'Publications' 란에 주요 출판물 소개 및 구입 정보 가 정리되어 있다. 무료로 이용할 수 있는 출판물은 'Free PDFs'라는 항목으로 따로 분리되어 있다. 중요한 출판물을 소개하면 아래와 같다.

- *State of the World*(지구환경보고서)

지구환경보고서는 1984년부터 World Watch Institute에서 펴내고 있는 지구환경에 관한 조사연감으로, 지구의 지속 가능한 발전 정도를 가늠할 수 있는 대표적인 지표 중 하나로서 전 세계적으로 그 가치를 인정받고 있다. 영어 판 이외에 스페인어, 아랍어, 중국어, 일본어, 인도네시아 어, 독일어, 이태리어, 폴란드어, 불어, 포르투갈어, 러시 아어 등으로 번역되며, 1990년부터 한국어, 노르웨이어, 스웨덴어, 네덜란드어, 헝가리어로도 번역되고 있다. 미국 에서만 10만 부 이상 판매고를 올리며 정책입안자나 환 경운동가뿐만 아니라 천여 개의 대학교에서 교재로 채택 되곤 한다. 인쇄본 혹은 PDF 형식의 온라인 문서로 창간 호부터 현재호까지 구입할 수 있다. 1998년부터 2003년 까지의 지구환경보고서는 'Free PDFs' 란에서 무료로 원 문 이용이 가능하다.

- *World Watch Magazine*

  격월간 간행물로 에너지, 기후변화, 생물다양성, 농업, 인구, 정치사회적 개발 등 주제에 대한 심도 깊은 기사를 싣는다. 단품으로 구매하거나 정기 구독하면 온라인상에서도 볼 수 있다.

- *Vital Signs*

  연속간행물로 독자들이 쉽게 이해할 수 있는 도표와 그래프를 이용해 세계 현안과 흐름을 분석한다. 인쇄본 혹은 PDF 형식의 온라인 문서를 구입할 수 있다. 이와 함께 10개 부문의 대표적인 세계동향을 집대성한 Vitals Signs Online도 제공하고 있는데, 각 부문별 전체 개요는 공개되어 있으며 세부 항목별로 온라인 문서를 저가에 판매하고 있다. 1998년부터 2003년까지의 *Visual Signs*는 'Free PDFs' 란에서 무료로 원문 이용이 가능하다.

- *Worldwatch Papers*

  State of the World(지구환경보고서)와 *Vital Signs*의 저자팀이 저술한 50-70페이지의 보고서 연속물로, 주요 환경 현안에 대한 분석을 담고 있다.

- *REN21 - Renewable Energy Policy Network for the 21st Century*

  기후변화의 심각한 환경적, 경제적 위협에 맞설 수 있는 재생에너지(Renewable energy)에 관련된 PDF 출판물로 무료로 이용 가능하다.

- 그 외에 'State of the World Library'를 신청해서 *State of the World*와 *Vital Signs, Worldwatch Paper* 등을 한꺼번

에 모두 받아 볼 수도 있고, 'International Editions'에서는 World Watch Institute의 다양한 번역판들을 확인할 수 있다.

② Online Features

온라인상으로 제공되는 World Watch Institute의 정보원들이다. 공식 출판물의 부수적인 정보원이지만 World Watch Institute의 프로젝트에 관한 정보원들로 이루어져 있다.

③ Research Library

연구 분야별 주제어 목록이 제시되어 있으며, 각 주제어를 선택하면 그와 관련된 World Watch Institute의 출판물 및 링크가 제공된다. 크게 사람, 자연, 에너지, 경제로 나뉜다.

WWF

World Wildlife Fund for Nature

세계야생식물기금

1 기구

1) 소재지

주　　소　WWF International, Gland (CH), Av. du Mon-
　　　　　Blanc 1196 Gland, Switzerland
전　　화　+41 22 364 91 11
팩　　스　+41 22 364 88 36
홈페이지　http://www.panda.org

2) 설립연혁

1960년 저명한 영국의 생물학자인 쥴리안 헉슬리 경이 옵서버
지에 발표한 자연 보존에 대한 글을 계기로 그 이듬해 9월 과
학자들과 홍보 전문가들이 모여 만든 자선단체로 스위스의 글
랜드에 설립하였다.

3) 설립목적

지구 자연환경의 쇠퇴를 막고 인간이 자연과 조화롭게 살아갈
수 있는 미래를 만드는 것을 목적으로 하고 있다.

4) 주요사업

WWF는 1985년부터 약 1,165백만 달러를 투입해서 130여 개
국에서 1만 1천여 자연보존 프로젝트를 진행했다. 국제 상아교
육 및 포경업의 일시중단 등의 성과를 거두었으며 주요사업 내
용은 아래와 같다.
- 유전자종 생태계의 다양성 보호를 통한 자연보전
- 재생 가능한 자원의 이용이 현재 및 미래에 걸쳐 지속가능

하도록 보장하려는 노력
- 오염, 낭비적 개발과 소비 감소를 위한 행동촉구

5) 조직

전 세계에 걸쳐 약 500만 명의 회원을 보유하고 있으며 90여 개국에 지역사무소가 활동 중이다. 세계 각국의 정부, NGO들과 연계활동을 벌이고 있다(WWF International 홈페이지에 각 지역사무소의 홈페이지와 연락정보가 안내되어 있다.).

② 정보원

1) 정보배포정책

WWF international 홈페이지의 'Publications' 란을 보면 WWF 의 대표적인 정보원들을 이용할 수 있다. 지역사무소 내 정보원을 확인하고 싶다면 개별적인 홈페이지를 방문하면 된다.

2) 정보 자료

① Publications
'Publications' 첫 페이지를 보면 순차적으로 전 출판물이 소개되어 있다. 원문으로 링크 되어 있고, 무료로 원문 열람이 가능하다.

- ***Living Planet Report***

    *Living Planet Report*는 WWF가 발행하는 지구 생태계 상태에 대한 정기간행물이다. 2000년부터 2년에 한 번 발행되고 있다. 세계의 생물학적 다양성의 추이를 살펴보고 인간의 천연자원 소비가 생물권에 미치는 영향을 추적한다. 내용은 크게 'Index'와 'Scenario', 'Solutions'로 나뉘며 각각의 내용을 클릭해서 볼 수 있다. 'Index'는 지구의 생태계 건강을 나타내는 'Living Planet Index'와 생태계에 대한 인간의 수요 정도를 나타내는 'Ecological Footprint'라는 두 가지 지표를 기준으로 지난 몇십 년간의 흐름을 보여준다. 'Scenario'는 현재 우리의 선택에 따라 건강한 생태계에서 지속가능한 삶을 누릴 수도 있고 생태계 질서가 무너져 사람들이 지구에서 생존할 수 없을지도 모른다는 내용이다. 마지막으로 'Solutions'는 'Shrink & Share'와 'Sustainable Society'로 나뉘어 있다. 연도별 보고서 전문도 PDF 형식으로 제공된다.

- ***Information and Communication Technologies(ICT)***

    WWF가 정보기술이 지속가능한 사회 형성에 미치는 영향에 대해 각계의 전문가들에게 의견을 구한 보고서이다. 'Sustainability at the Speed of Light(광속 지속가능성)'이라는 보고서 원문과 관련 프로젝트 로드맵, 정책보고서 등의 자료를 온라인으로 이용 가능하다.

- ***Other Key Publications***

    위에 소개한 정보원을 포함한 WWF의 대표적인 출판물

목록이다. 제목을 클릭하면 개괄적인 설명과 PDF 원문, 관련 영상 자료들을 볼 수 있다. 일부를 소개하면 아래와 같다.

- *To Dam or not to Dam?*
- *Serving People, Saving Nature*
- *Rivers at Risk*
- *Running Pure*
- *Economic Value of Wetlands*

② Education

자연 보호에 관한 온라인 교육 콘텐츠가 제공되어 있으며, 초보자부터 전문가에 이르기까지 이용자의 수준에 맞는 교육내용을 선택할 수 있다. 멸종 위기에 처한 생물들과 진화의 원칙, 환경문제 등 다양한 주제들을 학습할 수 있으며, 과제와 프로젝트도 함께 제고된다. 누구나 무료로 이용 가능하다.

참고문헌

강상철. 1996. **국제환경규제에 관한 연구**. 단국대학교 대학원.

노명준. 2003. **신국제환경법**. 서울: 법문사.

신현국, 김락주. 1993. **환경과학총론**. 서울: 동화총론.

유영옥. 1996. **지역정책론**. 서울: 학문사.

유영옥. 김상철. 2003. **국제환경정책론**. 서울: 학문사.

이장현. 2005. **환경학 탐구**. 성루: 자유아카데미.

장덕 외. 2006. **인간 활동과 환경오염**. 서울: 건국대학교 출판부.

장순웅. 2003. **최신 환경과 인간**. 서울: 다산서고.

정병석. 1997. 國際環境規制와 韓國環境産業의 競爭力 提高 方案. 건국대학교 무역학과 석사학위논문.

환경부 법무담당관실. 1999. "환경법전 환경정책기본법." 제3조, 제1~3호.

환경부. 1996. **환경백서**. 서울: 환경부.

월간환경 21. (1999년 6월호)(http://envinews.co.kr)

홍현진, 노영희. 2005. **국제기구 지식정보원의 이해와 활용**. 고양: 한국학술정보.

약 어 표

국제기구 지식정보원의 이해와 활용

해사관련 국제기구 지식정보원(국제기구 지식정보원 시리즈 ①)

경제관련 국제기구 지식정보원(국제기구 지식정보원 시리즈 ②)

환경관련 국제기구 지식정보원(국제기구 지식정보원 시리즈 ③)

국제기구 지식정보원의 이해와 활용

AALCO	Asian – African Legal Consultative Organization
	아·아법률자문기구
AARDO	Afro – Asian Rural Development Organization
	아·아농촌개발기구
ACC	Administrative Committee on Coordination
	국제연합 행정조정위원회
ACS	Association of Caribbean States
	카리브국가연합
ADB	Asian Development Bank
	아시아개발은행
ANCOM	Andean Community
	안데스 공동체
APDC	Asian and Pacific Development Centre
	아·태개발센터
APEC	Asia – Pacific Economic Cooperation
	아·태경제협력체
APO	Asian Productivity Organization
	아시아생산성기구
APPPC	Asia and Pacific Plant Protection Commission
	아·태식물보호위원회
APPU	Asia – Pacific Postal Union
	아·태우편연합

APT	Asia – Pacific Telecommunity	
	아·태전기통신협의체	
ASEAN	Association of Southeast Asian Nations	
	동남아시아국가연합	
ASOSAI	Asian Organization of Supreme Audit Institutions	
	아시아최고감사기구	
BADEA	Arab Bank for Economic Development in Africa	
	아랍·아프리카 경제개발은행	
BIPM	International Bureau of Weights and Measures	
	국제도량형국	
BIS	Bank for International Settlements	
	국제결제은행	
CCAMLR	Commission for the Conservation of Antarctic Marine Living Resources	
	남극해양생물자원보존위원회	
CIRDAP	Centre on Integrated Rural Development for Asia and the Pacific	
	아·태지역농촌종합개발센터	
COE	Council of Europe	
	유럽회의	
EBRD	European Bank for Reconstruction and Development	
	유럽부흥개발은행	
ECA	United Nations Economic Commission for Africa	
	아프리카 경제위원회	

ECE	United Nations Economic Commission for Europe 유럽경제위원회
ECLAC	Economic Commission for Latin America and the Caribbean/Comision Economica para America Latina y ElCaribe(CEPAL)(스페인어) 유엔중남미 경제위원회
EFTA	European Free Trade Association 유럽자유무역연합
EROPA	Eastern Regional Organization for Public Administration 동부지역공공행정기구
ESCAP	United Nations Economic and Social Commission for Asia and the Pacific 아·태경제사회이사회
ESCAP/APCTT	Asia Pacific Center for Technology Transfer 아·태기술이전센터
ESCAP/CAPSA	Centre for Alleviation of Poverty through Secondary Crops' Development in Asia and the Pacific of the Economic and Social Commission for Asia and the Pacific 이전명: CGPRT 잡곡류 연구개발센터
ESCWA	United Nations Economic & Social Commission for Western Asia 서아시아 경제사회위원회
FAO	United Nations Food and Agriculture Organization 유엔식량농업기구

FEALAC	The Forum for East – Asia – Latin America Cooperation 동아시아 · 라틴아메리카 협력포럼
GA	General Assembly 유엔총회
IAEA	International Atomic Energy Agency 국제원자력기구
IAPH	International Association of Ports and Harbors 국제항만협회
IBE	International Bureau of Education 국제교육국
ICA	International Council on Archives 국제기록보존기구
ICAO	International Civil Aviation Organization 국제민간항공기구
ICCROM	International Centre for the Study of the Preservation and Restoration of Cultural Property 국제문화재보존복구연구센터
ICDO	International Civil Defence Organization 국제민방위기구
ICJ	International Court of Justice 국제사법재판소
ICMM	International Committee of Military Medicine 국제군진의학협회
ICO	International Coffee Organization 국제커피기구

ICPO	International Criminal Police Organization
	국제형사경찰기구
ICSC	International Civil Service Commission
	국제공무원위원회
IDA	International Development Association
	국제개발협회
IDB	Inter – American Development Bank
	미주개발은행
IEC	International Electrotechnical Commission
	국제전기기술위원회
IFAD	International Fund for Agricultural Development
	국제농업개발기금
IHO	International Hydrographic Organization
	국제수로기구
IIEP	International Institute for Education Planning
	세계교육계획기구
ILO	International Labour Organization
	국제노동기구
IMF	International Monetary Fund
	국제통화기금
IMO	International Maritime Organization
	국제해사기구
IMSC	International Military Sports Council
	국제군인체육이사회
INIA	International Institute on Ageing
	국제노인기구
INMARSAT	International Maritime Satellite Organization

국제해사위성기구

INTOSAI   International Organization of Supreme Audit Institutions

세계최고감사기구

IOC   Intergovernmental Oceanographic Commission

정부간해양학위원회

IOM   International Organization for Migration

국제이주기구

IPU   Inter-Parliamentary Union

국제의원연맹

ISDR   International Strategy for Disaster Reduction

유엔재난억제국제전략

ISO   International Organization for Standardization

국제표준화기구

ITSO   International Telecommunications Satellite Organization

국제통신위성기구

ITU   International Telecommunication Union

국제전기통신연합

IUCN   International Union for the Conservation of Nature and Natural Resources

국제자연보존연맹

IWC   International Whaling Commission

국제포경위원회

JIU   Joint Inspection Unit

유엔합동감사단

LAS   League of Arab States

	아랍연맹
NATO	North Atlantic Treaty Organization
	북대서양조약기구
NCM	Nordic Council of Ministers
	북유럽각료회의
OAS	The Organization of American States
	미주기구
OECD	Organization for Economic Cooperation and Development
	경제협력개발기구
OIE	International Office of Epizootics
	국제수역사무국
OIML	International Organization of Legal Metrology
	국제법정계량기구
OIS	Organization of the Islamic Conference
	이슬람제국회의기구
OPCW	Organization for the Prohibition of Chemical Weapons
	화학무기금지기구
OPEC	Organization of Petroleum Exporting Countries
	석유수출국기구
OSCE	The Organization for Security and Co-operation in Europe
	유럽안보협력기구
PIANC	Permanent International Association of Navigation Congresses
	국제상설항해협회

SAMEO	Southeast Asian Ministers of Education Organization
	동남아문교장관기구
SCO	Shanghai Cooperation Organization
	상하이협력기구
UN Document Centre	
	유엔문헌센터
UNAIDS	United Nations Programme on HIV/AIDS
	유엔에이즈계획
UNCC	United Nations Compensation Commission
	유엔보상위원회
UNCCD	United Nations Convention to Combat Desertification
	유엔사막화방지협약
UNCDF	United Nations Capital Development Fund
	유엔자본개발기금
UNCITRAL	United Nations Commission on International Trade Law
	유엔국제무역법위원회
UNCTAD	The United Nations Conference on Trade and Development
	유엔무역개발협의회
UNCTAD – UNDP Global Programme	
	The Global Programme on Globalization, Liberalization and Sustainable Human Development
	세계화, 자유화, 지속가능한 인간발달에 대한 국제프로그램
UNDP	United Nations Development Programme

	유엔개발계획
UNEP	United Nations Environment Programme
	유엔환경계획
UNESCO	United Nations Educational, Scientific and Cultural Organization
	유엔교육과학문화기구
UNFCCC	United Nations Framework Convention on Climate Change
	유엔기후변화협약
UNFIP	United Nations Fund for International Partnerships
	유엔동반자관계기금
UNFPA	United Nations Population Fund
	유엔인구기금
UNHCR	United Nations High Commissioner for Refugees
	유엔난민고등판무관
UNICEF	United Nations Children's Fund
	유엔아동기금
UNICRI	United Nations Interregional Crime and Justice Research Institute
	유엔지역간범죄처벌조사기관
UNIDO	United Nations Industrial Development Organization
	유엔공업개발기구
UNIDROIT	International Institute for the Unification of Private Law
	사법통일국제연구소
UNIFEM	United Nations Development Fund for Women

	유엔여성개발기금
UNITAR	United Nations Institute for Training and Research
	유엔훈련조사연구소
UNODC	United Nations Office on Drugs and Crime
	유엔마약 및 범죄사무소
UNOG	United Nations Office at Geneva
	유엔제네바사무소
UNOHCHR	Office of the United Nations High Commissioner for Human Rights
	유엔인권위원회
UNRWA	United Nations Relief and Works Agency for Palestine Refugees in the Near East
	유엔 팔레스타인 난민구호사업기구
UNU	United Nations University
	유엔대학
UNV	United Nations Volunteer
	유엔자원봉사단
UPU	Universal Postal Union
	만국우편연합
WB	World Bank
	세계은행
WFP	World Food Programme
	세계식량계획
WHO	World Health Organization
	세계보건기구
WIPO	World Intellectual Property Organization
	세계지적재산권기구

WMO	World Meteorological Organization
	세계기상기구
WTO	World Tourism Organization
	세계관광기구
WTO	World Trade Organization
	세계무역기구

해사관련 국제기구 지식정보원

APFIC	Asia – Pacific Fishery Commission 아시아 · 태평양수산위원회
CCAMLR	Commission for the Conservation of Antarctic Marine Living Resources 남극해양생물자원보존위원회
COFI	Committee on Fisheries, FAO Fisheries Department FAO 수산위원회
GLOBEC	Global Ocean Ecosystem Dynamics 전지구해양생태계역학
GLOBEFISH	글로브피쉬
GOOS	The Global Ocean Observing System 지구해양관측시스템
HELCOM	Helsinki Commission Baltic Marine Environment Protection Commission 헬싱키위원회
IAEA	International Atomic Energy Agency 국제원자력기구
IAHS – AISH	International Association of Hydrological Sciences

	Association internationale des sciences Hydrologiques 국제수문학회
IAPH	International Association of Ports and Harbor 국제항만협회
ICES	International Council for the Exploration for sea 국제해양탐사기구
IHO	International Hydrographic Organization 국제수로기구
IMO	International Maritime Organization 국제해사기구
INA PIANC	International Navigation Association PIANC (이전명: Permanent International Association of Navigation Congresses) 국제상설항해협회
IOC	Intergovernmental Oceanographic Commission 정부간 해양학위원회
IOC/WESTPAC	IOC Sub-Commission for the Western Pacific IOC 서태평양위원회
IOC UNESCO	The Intergovernmental Oceanographic Commission of the United Nations Educational, Scientific and Cultural Organization 정부간해양과학위원회

IODE	Intergovernmental Oceanographic Data and Information Exchange 국가간해양자료정보교환시스템
IOPC Funds	The International Oil Pollution Compensation Funds (IOPC Funds) 국제유류오염보상기금
ISA	International Seabed Authority 국제해저기구
ITLOS	International Tribunal for the Law of the Sea(ITLOS) 국제해양법재판소
IWC	International Whaling Commission 국제포경위원회
NAFO	Northwest Atlantic Fisheries Organization 북대서양수산기구
OSPAR Commission	Convention for the Protection of the Marine Environment of the North-East Atlantic 북동대서양의해양환경보호를위한협약
PICES	North Pacific Marine Science Organization 북태평양해양과학기구
POGO	Partnership for Observation of the Global Oceans 지구해양관측공동체
SCOR	Scientific Committee on Oceanic Research

해양과학위원회

SEAFDEC   Southeast Asian Fisheries Development Center
동남아수산개발센터

TOKYO MOU   Tokyo Memorandum of Understanding
아·태지역항만국통제양해각서

UNFCCC   United Nations Framework Convention on Climate Change

유엔기후변화협약

WCRP   World Climate Research Programme
세계기후연구프로그램

WMO   World Meteorological Organization
세계기상기구

WMU   World Maritime University
세계해사대학

World Fish Center International Center for Living Aquatic Resources Management
(전 ICLARM)
국제수산자원관리센터

경제관련 국제기구 지식정보원

AARDO	Afro – Asian Rural Development Organization
	아·아 농촌자문기구
ACP Group	African, Caribbean, Pacific Group
	아프리카, 카리브해연안, 태평양 그룹
ACS	Association of Caribbean States
	카리브국가연합
ADB	Asian Development Bank
	아시아개발은행
ADC	Andean Development Corporation
	안데스개발공사
AfDB	African Development Bank
	아프리카개발은행
ANCOM	Andean Community
	안데스공동체
APDC	Asian and Pacific Development Centre
	아·태개발센터
APEC	Asia – Pacific Economic Cooperation
	아·태경제협력체
ASEAN	Association of Southeast Asian Nations
	동남아시아국가연합

BADEA	Arab Bank for Economic Development in Africa
	아랍·아프리카경제개발은행
BIS	Bank for International Settlements
	국제결제은행
CABEI	Central American Bank for Economic Integration
	중미경제통합은행
CARICOM	Caribbean Community
	카프리공동체
CDB	Caribbean Development Bank
	카리브개발은행
CFC	Common Fund for Commodities
	상품공동기금
CIRDAP	Centre on Integrated Rural Development for Asia and the Pacific
	아·태지역농촌종합개발센터
COMESA	Common Market for Eastern and Southern Africa
	동남아프리카공동시장
CS	Commonwealth Secretariat
	연방사무국
EAC	East African Community
	동아프리카공동체
EADB	East African Development Bank
	동아프리카개발은행

EBRD	European Bank for Reconstruction and Development 유럽부흥개발은행
ECA	United Nations Economic Commission for Africa 아프리카경제위원회
ECE	United Nations Economic Commission for Europe 유럽경제위원회
ECLAC	Economic Commission for Latin America and the Caribbean/Comision Economica para America Latinay ElCaribe(CEPAL)(스페인어) 라틴아메리카카리브해 경제위원회
ECO	Economic Cooperation Organization 경제협력기구
ECOSOC	United Nations Economic and Social Council 유엔경제사회이사회
EFTA	European Free Trade Association 유럽자유무역연합
EIB	European Investment Bank 유럽투자은행
ESCAP	United Nations Economic and Social Commission for Asia and the Pacific 아·태경제사회위원회
ESCWA	Economic and Social Commission for Western

	Asia
	서아시아경제사회위원회
FAO	United Nations Food and Agriculture Organization
	유엔식량농업기구
FEALAC	The Forum for East－Asia－Latin America Cooperation
	동아시아·라틴아메리카 협력포럼
IDA	International Development Association
	국제개발협회
IDB	Inter－American Development Bank
	미주개발은행
IFAD	International Fund for Agricultural Development
	국제농업개발기금
IFC	International Finance Corporation
	국제금융공사
IGAD	Intergovernmental Authority on Development
	정부간개발기구
IGC	International Grains Council
	국제곡물이사회
IMF	International Monetary Fund
	국제통화기금
IOSCO	International Organization of Securities Commissions
	국제증권관리위원회

ITC	International Trade Centre
	국제무역센터
LAIA/ALADI	Latin American Integration Association
	라틴아메리카통합기구
LAS	League of Arab States
	아랍연맹
MIGA	Multilateral Investment Guarantee Agency
	국제투자보장기구
NATO	North Atlantic Treaty Organization
	북대서양조약기구
OAS	The Organization of American States
	미주기구
OECD	Organization for Economic Cooperation and Development
	경제협력개발기구
OECS	Organization of Eastern Caribbean States
	동카리브국가기구
OPEC	Organization of Petroleum Exporting Countries
	석유수출국기구
SAARC	South Asian Association for Regional Cooperation
	남아시아지역협력연합
SCO	Shanghai Cooperation Organization
	상하이협력기구
SEAMIC	Southern and Eastern African Mineral Centre
	동남아프리카광물센터

SELA	Latin American and Caribbean Economic System 라틴아메리카경제체제
UNCDF	United Nations Capital Development Fund 유엔자본개발기금
UNCITRAL	United Nations Commission on International Trade Law 유엔국제무역법위원회
UNCTAD – UNDP Global Programme	The Global Programme on Globalization, Liberalization and Sustainable Human Development 세계화, 자유화, 지속가능한인간발달에대한 국제프로그램
UNDP	United Nations Development Programme 유엔개발계획
UNIDO	United Nations Industrial Development Organization 유엔공업개발기구
WB	World Bank 세계은행
WCO	World Customs Organization 세계관세기구
WFP	World Food Programme 세계식량계획

WTO   World Trade Organization

세계무역기구

환경관련 국제기구 지식정보원

APPPC   Asia and Pacific Plant Protection Commission
                       아·태식물보호위원회
Basel Convention   Basel Convention on the Control of Transboun-
                       dary Movements of Hazardous Wastes and
                       their Disposal
                       바젤협약
CABI   CAB International
                       국제병해충연구소
CAN   Climate Action Network International
                       국제기후행동네트워크
CBD   The Convention on Biological Diversity
                       생물다양성협약
CCAMLR   Commission for the Conservation of Antarctic
                       Marine Living Resources
                       남극해양생물자원보존위원회
CITES   Convention on International Trade in Endan-
                       gered Species
                       멸종위기에처한야생동식물의국제무역에관한협약
FoEI   Friends of the Earth International
                       지구의벗국제본부

GEF   Global Environment Facitity

                    지구환경금융

Greenpeace International

                    Intergovernmental Forum on Chemical Safety

                    그린피스

IFCS   Intergovernmental Forum on Chemical Safety

                    정부간화학안전협의체

IPCC   Intergovernmental Panel on Climate Change

                    기후변화에관한정부간패널

IPCS   The International Prorgramme on Chemical

                    Safety

                    국제화학안전계획

ITTO   International Tropical Timber Organization

                    국제열대목재기구

IUCN   International Union for the Conservation of

                    Nature and Natural Resources

                    국제자연자원보존연맹

OECD EPOC   OECD Environment Policy Committee

                    OECD 환경정책위원회

OECD Environment Directorate

                    OECD 환경위원회

The Ozone Secretariat

                    Secretariat for the Vienna Convention for

                    the Protection of the Ozone Layerand for

                    the Montreal Protocol on Substances that

Deplete the Ozone Layer

비엔나협약및몬트리올의정서사무국(오존사무국)

The Ramsar Convention on Wetlands

Convention on Wetlands of International
Importance Especially as Waterfowl Habitat
물새서식지로서국제적으로중요한습지에관한
협약(람사협약)

RAN Rainforest Action Network

열대우림보호운동네트워크

Sierra Club 씨에라클럽

UNCCD United Nations Convention to Combat
Desertification

유엔사막화방지협약

UNCSD Commission on Sustainable Development

유엔지속가능한개발회의

UNDP United Nations Development Programme

UN 개발계획

UNEP United Nations Environment Programme

유엔환경계획

UNEP – WCMC United Nations Environment Programme World
Conservation Monitoring Centre

UN 환경계획 – 세계보존모니터링센터

UNFCCC United Nations Framework Convention on
Climate Change

유엔기후변화협약

UN-HABITAT	United Nations Center for Human Settlement
	UN 인간정주센터
WBCSD	World Business Council for Sustainable
	Development
	세계지속가능발전기업협의회
WMO	World Meteorological Organization
	세계기상기구
Worldwatch	World Watch Institute
	월드워치연구소
WWF	World Wildlife Fund for Nature
	세계야생생물기금

국문색인

영문색인

· 저자 ·

노영희
(魯榮姬)

·약 력·

연세대학교 문헌정보학과 정보학 박사
한국과학기술연구원(KIST) 자료실 연구원
한국정보공학(KIES) 정보검색엔진개발팀 팀장
이화여대 국제정보센터 자료실장
현 건국대학교 문헌정보학과 교수
　　교육인적자원부 대학도서관 정책자문위원
　　DLS 표준관리위원회 위원

·주요 저서 및 논문·

「개념기반 검색을 위한 시소러스 관계의 효과적 활용방안에 관한 연구」
「주제별 분산 지식베이스에 의한 개념기반 정보검색시스템의 성능향상에 관한 연구」
「A Study on Automatic Text Categorization of Internet Documents」
「A Study on the Estimation of Performance of Concept-Based Information Retrieval Model Using the Web」
「기계학습 기반 피드백 과정을 통한 SDI 시스템의 성능향상에 관한 연구」
「문헌정보학 교육과정의 특성화된 프로그램 개발 및 활용에 관한 연구」
『디지털콘텐츠의 이해』
『인문과학과 예술의 핵심 지식정보원』
『경제학의 핵심 지식정보원』
『2007 한국문헌정보학 교과과정』
『개념기반 정보검색 기법』

외 다수

홍현진
(洪賢珍)

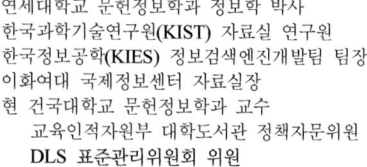

약 력·

연세대학교 문과대학 문헌정보학과(학사)
University of Michigan in Ann Arbor 문헌정보학과(석사)
연세대학교 대학원 문헌정보학과(박사)
대우경제연구소 정보자료실 실장
한국도서관협회 기획위원
국립중앙도서관 장서개발위원
문화관광부 문화기반시설 평가위원
현 정보관리학회 편집위원
　　교육인적자원부 대학도서관 정책자문위원
　　문화관광부 국가도서관정책 자문위원
　　전남대학교 사회과학대학 부학장
　　전남대학교 사회과학대학 문헌정보학과 교수

·주요 저서 및 논문·

「우리나라 공공도서관에 대한 평가지표 연구」
「웹 기반 데이타베이스의 품질평가 기준 개발에 관한 연구」
「국가문헌센터 건립 최적화 연구」
『문헌정보학의 연구방법론』
『한국도서관기준』

도서관 경영정책과 정보서비스 분야에 약 50여 편의 논문을 발표함.

환경관련 국제기구 지식정보원

• 초판 인쇄	2008년 6월 23일
• 초판 발행	2008년 6월 23일
• 지 은 이	노영희 · 홍현진
• 펴 낸 이	채종준
• 펴 낸 곳	한국학술정보㈜
	경기도 파주시 교하읍 문발리 513-5
	파주출판문화정보산업단지
	전화 031) 908-3181(대표) · 팩스 031) 908-3189
	홈페이지 http://www.kstudy.com
	e-mail(출판사업부) publish@kstudy.com
• 등 록	제일산-115호(2000. 6. 19)
• 가 격	27,000원

ISBN 978-89-534-9603-3 93020 (Paper Book)
     978-89-534-9604-0 98020 (e-Book)